翻訳者の全技術

山形浩生

星海社

326

SEIKAISHA SHINSHO

ぼくはどこに自分の商品価値があるのかイマイチよくわかっていないので、この本にどういう需要があるのかも、自分ではよくわからない面がある。山形浩生の翻訳のやり方ねえ。ぼくはそんな変わったことをしているつもりはないのだ。それに自分はいろいろな意味で、あまり普通の翻訳者ではないし、したがってそれを知ったところでほとんどの人は参考にもならないだろうとは思う。そもそも、それに興味を持つ人が誰なのかもわからない。

翻訳に限らず、ネタの集め方や本の読み方その他についても同様だ。あれこれやりすぎているし、ここぞという分野があるわけでもない。ナントカ先生の知的生産の技法を知れば、ワタクシもいつかこの道の泰斗《たいと》に、とか、これをやればナントカ道の真髄に迫れる、といった話とはわけがちがうんじゃないだろうか。誰かがツイッター（現X）で、山形は帯の宣伝文句とかを書いたところで、書店でも扱いに困るというようなことを書いていた。

そうだろうねえ。

そんなわけで、この本の依頼があったときは、いささか面食らった。というか、これまでも勉強法とか翻訳術といった本の話はなかったわけじゃないが、何を書けばいいのかよくわからず、どれも立ち消えになっていたのだ。というのもぼくは自分では、目先でおもしろそうなものにホイホイ手を出しているだけなので、それ以上書くことがあまり思いつかないのだ。思いついても、ちょっと書いてみて「いやこんなつまんないことを書いてもねえ」と思って投げ出してしまう。

それを言ったところ、それなら聞き役／まとめ役をつけてくれて、それをまとめようとのご提案。なるほど、それなら他の人がおもしろいと思う部分が引き出してもらえるかもしれない。が、これまたいいのかどうか。山形は会議などで落とし所が見えていれば、かなり絞った話はできる（絞りすぎるきらいがあって、結論を急ぎすぎてかえって失敗することも多いが）。しかし普通に話していると、とりとめがなくなるからなあ。だが、それがおもしろい、という面もあるのかもしれないし、それで悩むのはインタビュアーさんのほうなのでそこはお手並み拝見だ。

そんなわけで、2、3時間にわたる放談会を4回くらい行って、まとめていただいたものに手持ちの行き場のない原稿もいろいろぶちこんでできあがったのが、本書となる。

自分のことがわからないのは、もちろんぼくに限った話ではないのだろう。ファインマン自伝で、何かのイベントでモデルたちといっしょになったら、絶世の美女たちがみんな、自分は醜いと思い込んで悩んでいて唖然《あぜん》とした話があったっけ。ファインマンはそこにつけこんでナンパに精を出したんだっけ？　ちがったかな？　が、それはさておき、たぶん本書で山形が「おお、ぼくは実は絶世の美女だったでございますか！」と悟《さと》ることはないだろうとは思う。うちにだって鏡くらいはあるのだ。が、何かしらチマチマした小ネタで、読者のみなさんにちょっとおもしろがっていただけるようなものは、あちこちにあるんじゃないかとは思う。

自分はおもしろそうなものにホイホイ手を出しているだけ、とさっき書いた。その一方で、自分の好奇心がまったく一般性のないところに発揮されているとは思わない。というより、変なストーカーじみた犯罪スヌーピングでもない限り、誰のものでもたいがいの好奇心は、ある程度まで掘り下げれば、必ず一般性を持つものだとは思う。ぼくは自慢だけれど、多少は頭がいい。だが、決して天才ではない。何かに興味を持つときも、とんでもない飛躍はしない／できない。その一方で、ぼくがわからない、不思議だと思ったら、おそらくほとんどの人は（どんなに知ったかぶりをしようが）やっぱりわからないはずだし、指摘すればそれを不思議だと思うはずだという確信もある。そしてそこで、意外なものがつながることだってあるだろう。

だから、本書の何やら散漫な話の中に、少しでもみなさんの興味をひくものがあれば幸い。そして「ああ、こんな雑でいい加減で行き当たりばったりでもいいのか」と思って、自分でも適当に何か——たこあげでも料理でも電子工作でもプログラミングでも、そして翻訳でも執筆でも——始めてくれる人がいれば幸甚《こうじん》ではある。

あと、ぼくは、この本でも何度となく繰り返すように、ジェネラリストだ。世紀の変わり目あたり、もう何でも屋はいらない、ジェネラリストは不要、一つの分野を深くきわめたスペシャリストこそが世界を支配するのだ、という議論がはやった。会社などでも、いろんな要素を持つ大企業の時代は終わった、何か一つの商品やサービスをきわめた専門企業こそが栄えるのだ、そして株式市場がそうした企業の評価と資金提供をコントロールするのだ、というわけ。

が、その後次第にそうした風潮も変わってきた。株式市場はしょっちゅうまちがえる。スペシャリストを評価するには、いろんな部門に目を向けたジェネラリストが必須だ。さらに各種のいろんな深い専門分野をつなぐ部分や、それを支えるインフラは、専業スペシャリストの寄せ集めではなかなかこなしきれない。ジェネラリストや、それに相当する機能というのは、スペシャリストがいても、いやスペシャリストが増えれば増えるほど重要性が高まるはずではあるのだ。

だからといって、残念ながらぼくの時代が到来したというわけではない。が、スペシャリストが一芸をきわめたような話はいろいろ珍重されてあちこちに出回っているけれど、ジェネラリストがいろんなことを雑にやり散らかしました、という話にはあまりお目にかかれない。子供の本棚にある日本の偉人伝でそんなのに該当する人物というと……平賀源内くらいか。そんな腰の据《す》わらないやり方でも、やりようはあるのだというのを見て安心してくれる人もいるかもしれない。一方で、やっぱそんなんじゃ大したヤツにはなれてないじゃないか、とがっかりされるかもしれないのだけれど……(スミマセン)。

……というようなことを含め、放談会では話したつもりだけれど、どんなふうにまとまっていますやら。では、お楽しみあれ。

目次

第2章　読書と発想の技術　79

第3章　好奇心を広げる技術

第1章

翻訳の技術

なぜ翻訳をするのか

ぼくはこれまで百冊以上の本を翻訳してきた。その意味では、翻訳者ですと胸を張って言える。とはいえ、時間的にも収入的にも翻訳は副業であってメインではない。翻訳印税は水物ではあるため、ときには年収の中で翻訳印税の占める割合が最大になったときもある（ピケティが異常に売れたときとか）。が、それはあくまで事故だ。

さらに、普通の翻訳者はあくまで仕事としてやっているので、出版社から依頼があって初めて翻訳をする（んだと思う）。が、ぼくはそういう普通のルートは、いまだに三分の二くらいかな。かつては、もっと少なかった。残りは、別に依頼があって仕事としてやっているわけではない。単に自分がおもしろいからやってしまったというだけだ。

なぜそんなことをするのか？

その文章の中身に興味があることもある。あるいは、他の人がやった翻訳を見て、「これはちがうんじゃないかなあ」と思って始めたものもある。『クルーグマン教授の経済入門』は、前者だ（あとで既訳があるのを知ったけれど）。最近、ぼくのブログやウェブページに出ている、インターネットの開祖リックライダーの各種文章も、中身に興味があったからやっている。ケインズ『雇用、利子、お金の一般理論』や、ラヴジョイ『存在の大いなる連鎖』、ポランニー『ダホメ王国の奴隷取引（邦題：経済と文明）』の場合は、その両方だ。

そうやって勝手にやったものが、商業的に出版されることもある。まだインターネットなどという便利なものがない頃には、できあがったものをおもしろがりそうな同僚や知り合いに見せて喜ぶと同時に、興味を持ちそうな出版社／編集者に企画書つきで送りつけた。『クルーグマン教授の経済入門』は、そうやって出版されたものだ。さらにいまだと、ネットにあげておくと（訳すのはOKだが、公開は半分くらいは著作権無視でホントはだめ）、それに注目して「出しませんか」と言ってもらえることもある。ケインズはそうだった。

が、そうならないもののほうが多い。特にすでにある日本語訳があまりにダメだと思って勝手に訳し直したやつは、その「すでにある日本語訳」が商業出版で流通しているわけだ。出版社もいろんな経緯があって、その（山形から見ればダメな）翻訳を出したわけだ。それをあっさり引っ込めて、「はい新訳で出しました」とは言えない。正規の出版契約もあるし、元の訳者（あるいはその遺族）への義理もあるだろう。それをそのまま出してしまった自分たちの面子もあるだろう。映画化とか、文庫化とか、何か機会をとらえて「新訳です」ということはある。が、そんなことでもなければ、通常は放置され、ずっとネット上に転がっているだけだ。

だが、それはそれでかまわない。お金になれば嬉《うれ》しいけれど、往々にしてぼくはそのために翻訳をするわけではないからだ。むしろ、興味を持った文章やテーマを自分が理解するために翻訳をするのがメインだとすら言える。既存の翻訳を見て、何を言っているのかわからないことがまままある。そこで原文を見てみると「なーんだ、ちがうじゃないか、こういう意味だよ、きちんと伝えようぜ」と思ってそれを書いているうちに、相当部分ができてしまう。だからその翻訳は、ぼくの理解のプロセスであり、その結果なのだ。

ある意味で、ぼくにとって、その時点で翻訳の元は取れている。その翻訳を（半分は著作権無視で）公開するのは、捨てるのももったいないからその理解をおすそ分けしましょう、というだけの話だ。他の人が、それを活用してくれるなら、とても嬉しい。たぶん他にも「なーんだ、そういうことだったのか」と思ってくれる人はいると思う。アマゾンのレビューで「意味不明の翻訳」と難色をつけていた人々が、ぼくの翻訳を見て、原文を英語話者が読んだときと同じような明晰《めいせき》な理解に到達してくれることもあるだろう。そうなれば、原著者も嬉しいはずだ。が、そういうのは基本はオマケでしかないとすら言える。

出発点

さて、ぼくの理解を伝えると言ったけれど、個人的には、ぼくは自分の理解、つまりは翻訳に何か特別なものがあるとは思っていない。みんな、日本語の本を読んで、それを理解する。英語の本を読むときだって、英語圏の読者はそうやって理解している。それを再現するだけだ。

だが、一部の翻訳を見ていると、そういう普通に本を読むレベルの理解が欠落しているとしか思えないものがある。辞書を引いて単語ごとに訳語を並べ、その言葉をうまく配列して日本語の文章らしきものにしようとしているんじゃないかと思う訳文がある。いや、ツイッターなんかを見ているとマジにそれをやっていると公言する人までいる。「あらゆる単語を辞書で引いて意味を調べないと翻訳はできない、うっかり知らない単語の意味が出てきかねない」とかなんとか。ふーん、あんたは、日本語を読むときにあらゆる単語を辞書で調べるの？　しないだろう。普通の文脈で読んでいて、わかんなかったときにだけ辞書を引く——本を読むって、おおむねそういうものだ。全部の単語を引いて、それで何とか意味をでっちあげようというのは、大学一年生の第二外国語で、最初の頃の独文読解でやっていた。全部自分で引くのは面倒だったので、クラスで手分けしてやったりした。単語を全部引くなんて、その水準の初学者だけだ。そしてそういうレベルの人には、そもそも翻訳させちゃいけないと思う。そんなクロスワードパズルみたいなことをしていては、まともな翻訳になるわけがない。

そもそも、ぼくが翻訳家として活動するようになったきっかけも、世間で流通していたウィリアム・バロウズというアメリカ作家の翻訳がどうもおかしいという問題意識からだった。彼は20世紀半ばに、そこそこいい家を出てハーバード大学に行きつつ、ありとあらゆるドラッグをやって、同性愛者を公言し、奥さんを射殺して、その後前衛的な小説を書きまくって名をあげた人物だ。いくつか翻訳も出たが、わけがわからない。が、それはやっぱクスリやってるやつはちがうぜ、ということで、それをまともに見直そうという人も出なかった。そして当人もしばらく話題にもならなかったのだけれど……。

1980年代、浅田彰の『構造と力』や中沢新一の『チベットのモーツァルト』でポストモダン思想が紹介されていた。同時期にバロウズも、突然のように執筆再開。そしてポストモダン的な流行の中で、バロウズも強度と速度の新しいエクリチュールうんぬんという触れ込みで再び注目され始め、ナイキのCMに出たりしてファッショナブルな存在となってきた。

その流れで、『FOOL'S MATE』というロック雑誌に彼のインタビュー翻訳が掲載された。が、それもまったく意味不明。ぼくもふくめみんな、ジジイがぶっ飛んだ妄想語ってるぜ、ジャンキーあがりはスゲえなと思っていた。だがその後、ふと原文を手に入れて読んでみたところ……。

単なるジジイが聞きかじりのヨタ話を並べた、縁側《えんがわ》放談でしかない代物だった。彼は普通にしゃべっていた。ぶっ飛んだ妄想だと思ったものは、完全な翻訳のでっちあげだった。ヨタ話をありがたがるどころか、自分でヨタを捏造《ねつぞう》してまつりあげて崇拝してみてもしょうがないだろう。そのときは「ダメだねー、こいつら」と内輪で言うだけだったんだが、その後いくつかその手の代物を見かけ、ちょうど柳下毅一郎(だったかな)が発見した、神保町の古本屋に出ていたバロウズ資料の大量在庫(時期的に、当時他界して間もなかった鮎川信夫の蔵書だったんじゃないかと思う)から仕入れた昔の資料やインタビューをもとに、ウィリアム・バロウズの各種おもしろさ(と既存の紹介のまちがい)をまとめた『バロウズ本』というファンジン(ファンマガジン、同人誌)を作った。当時は渋谷のCD屋さんとか、池袋西武のリブロとかが、そういう同人誌の持ち込み販売もやってくれたのだ。それがそこそこ売れ、特にペヨトル工房の今野裕一氏の目にとまって「じゃあおまえら訳せ」と言われ、そこから翻訳の世界でまあまあ注目されるようになった。

そのバロウズが創作に使ったカットアップやフォールドインという手法は、雑誌や新聞をハサミでちょん切り、あるいは適当に折って、それを適当に並べ、良さげな文章にするというものだ。つまり、まともな文章ではないのだから、それを普通の文章と同じように訳してはいいわけがない。これぞまさに、辞書を引いて単語をそのまま並べるべき翻訳だったりする。普通の意味での文脈がないことこそ、そこでの文脈で、したがってまともな文章にせず、本当に単語の羅列にしなくてはならないわけだ。

ところが、既存の翻訳の多くはそれを必死で普通の文章にしようとしていた。サンリオSF文庫の『ノヴァ急報』『爆発した切符』もそうだったし、1960－70年代アメリカ文学の見事な分析をしたトニー・タナー『言語の都市』でバロウズを採りあげた部分もそうだった。たとえば「赤いにんじん、机、それが川の上流ぼくは何を緑のちょうちん」というようなバロウズの文章を訳そうとして、必死でなんとか言葉を補って「赤い川辺にある机の上に置いてあったにんじんは、上流から流れてきた時に僕が見つけて、何を思ったか緑色のちょうちんと並んでいる」とでっちあげるわけだ。それはまずいでしょう。

わかるものをわかるためには、わからないところはちゃんとわからないようにしなきゃいけない。ちなみに、ＡＩ以前の郵便番号自動読み取りなんかでの大きな課題は、ただの汚れや意味不明な線を、「意味不明だ」とはじくことだった、とかつて大手町にあった逓信《ていしん》総合博物館の展示には書いてあったように記憶している。機械はバカだからなのか、なまじ賢いからなのか、無理にでも何かの数字にこじつけてしまうのだそうだ。人間の人間たるゆえんは、わからないことをわからないと言えることなんだ、とそれを見て感心したものだけれど、これは今もそうだと思う。きっと、世の中にいろいろな誤解が生まれる理由は、わかってはいけないものをわかったつもりになってしまうからだと思う。

この間ぼくが訳したアーサー・ラヴジョイの『存在の大いなる連鎖』という思想史の本も、松岡正剛なんかが名著だと絶賛していたけど、彼がすばらしいと言っているところを実際に読んでみると、著者が中世の人によるヘンテコな議論の例として挙げている部分だった。それを松岡は、著者ラヴジョイが自分の見解として述べた深遠なご託宣《たくせん》だと思ってありがたがっていた。

みんな、本をちゃんと読まないんだ。自分の見たいもの、特に何か自分の聞きかじった単語をあれこれ見つけて、それを一生懸命頭の中でつないだあげくに、「ここに俺が見たいものがあったぞ」と喜んでいる。その議論が全体の中でどういう位置づけなのかも確認しないから、ただの反例を著者の言いたいことだと勘ちがいしてしまう。そしてそれは、松岡だけのせいではない。翻訳自体が、そこで主張されていることが読めておらず、なんとなく単語を並べて訳文をでっちあげている。

それは読者がかわいそうだろう、とぼくは思う。『存在の大いなる連鎖』のような、なんとなく難解で重厚だと思われている本を読んで、「何もわからない」と悩んでいる人を見ると、「いやいやそうじゃない、君たちが思っているよりずっと単純なことを言っているんだよ」と突っ込みたくなる。だってせっかく知的好奇心にかられて、ちょっとむずかしそうな本に手を出したんじゃないか。そこで言われていることの概略くらいはわかってほしいじゃないか。

ぼくは推理小説を最後の種明かしから読む、ろくでもない人間ではある。が、推理小説でそれをやるかはさておき、全般に決して悪い本の読み方ではないと思う。まず冒頭を読んで「こんな話ね」とあらましをつかんで、真ん中はいったん飛ばしてすぐに結論を開き、「こういう結論に持っていくのね」と確認する。ガウスだかラプラスだかは、数学の論文を読むとき、まさにそうしていたらしい。ただし彼らは天才なので、間の証明は自分のほうがうまいから読むだけ無駄、ということだったらしい。凡人はそこまではできないけれど、スタートとゴールがわかれば、その途中をつなぐ細かい理屈についても見通しがよくなるし、本だってずっと理解しやすくなる場合が多い。

まず『存在の大いなる連鎖』の冒頭を読むと、ラヴジョイはもう少しわかりやすいことを言おうとしている。西洋の一部の哲学や神学は、なんだかずいぶんと珍妙な話にこだわっているけれど、それはなぜ、そしてそれがどういう影響を与えてきたの？　それがメインの話だ。ちなみに、その珍妙な話というのは、世の中のあらゆる存在は、神様から天使から人間、もぐら、ミミズ、にんじん、アメーバ、岩等々というあらゆる存在まで、びっちり連続していますよ、という話。ここでのポイントは、これが珍妙でばからしい、現実的にはどうでもいい説なんだ、ということだ。

そして最後の結論も、その繰り返しで、二千年にわたる紆余曲《うよきょく》折《せつ》を経てそれが破綻《はたん》しましたよ、ようやくこれがくだらない話だということがみんなに理解され、おかげで理解された瞬間に忘れられましたという話をしている。そしてその途中でも、ラヴジョイはいろんな人の著作を結構バカにして、面白がってネタにしている。この本すべては、各時代のエラい哲学者たちが、この思想にとらわれたために、いかにバカげた話を必死で考えているか、という嘲笑《ちょうしょう》のかたまりだ。哲学者のカントは素人ながらに物理学を一生懸命勉強した結果、地球人よりすぐれているはずの木星人や土星人はこんな体の作りをしているにちがいない、と論じたそうな。ラヴジョイは、このキテレツな話にツッコミ入れるのは野暮だよね、とコメントしているけれど、当然ながらこれは「ここ、笑うとこだぞ」という符《ふ》丁《ちょう》だ。言わば、西洋思想版『トンデモ本の世界』だ。

だったら、翻訳でも著者ラヴジョイが、それを決してそれ自体が重要なものとして紹介しているんじゃないよ、というのがわかるようにすべきだろう。木星人を真面目に論じているカントを紹介している部分は、明らかに著者は笑っている。真面目に理解すべき深遠な思想だと思ってはいない。だったらそういうニュアンスは出したい。

でもたぶん、営業的には、「本書は西洋思想を貫くすごい観念を鋭く見つけ出して真剣に分析してます！」と言ったほうが売れるだろう。「これは西洋思想版『トンデモ本の世界』なんです」と本当のことを言ったら、興味を持つ人がどこまでいるかどうか。訳す人も研究する人も、そこで言われていることがすごくむずかしい深遠なことだ、と言いたいだろう。そのほうが自分に箔《はく》がつくから。だから、著者の意図を反映しない、ときにまちがっていてもこむずかしげな、わかりにくい訳のほうが幅をきかせる。それを読まされる読者は、たまったもんじゃない。

　そう思うんだが……読者のほうも実は、意味不明なほうがありがたいと思ってるんじゃないか、と思うこともある。この本に書かれていることでもあるんだが、思想や哲学の本を読む人々は、実はわからなくていい。むしろわからないほうがいい。何を言ってるのかわかんないものを読んで、ほんわかした気分になりたい。松岡正剛のように、わかってもいないくせに（またはだからこそ）わかったようなツラをして、聞きかじりで意味不明のことをつぶやいて深遠ぶりたいだけだったりする。そういう人は、なまじわかると、それが何か浅はかなことだと感じ、まして「あなた、実は何もわかってないでしょ」と言われると、怒ったりする。そういう人は山形が訳し直した正しい翻訳を読んで、「そういうことか、よくわかった」とありがたがるどころか、「浅はか」「低俗」「訳者の見方を押しつけている」とグチを垂れる。が、それは仕方ない。自分にとって何がよいことかわからない人はたくさんいる。そこまでは面倒見切れない。

　が、それはさておき、ぼくは翻訳でもまず最初と最後をやり、次に間のおもしろいところを見つけてチマチマやっていくことが多い。すると、いつの間にか半分くらい訳が終わってしまうので、ここまで訳したなら残りも暇があればやってしまおうという気分になって、一冊の翻訳ができあがる。そういえば、ケインズの『雇用、利子、お金の一般理論』も、最初と最後の有名なフレーズをたくさん訳し、その間をつないでいったら結構なボリュームになってきたので、「残った地味なところも力ずくでやるか」と仕上げて一冊の翻訳にしてしまったっけ。

他の本でもそうだ。なんだかここんとこおかしいな、と思うところがあると、原文を見て「そこはこうだろ」と自分なりの改訳を作ってみる。あちこちそういうところが出てくると、章単位、節単位で改訳ができる。その間を埋めるうちに、世の中の変な翻訳やおかしな解釈に対して「いや、そうじゃないでしょ、こうだよ」と言おうとして一冊が翻訳できてしまう。ぼくが手がける翻訳というのはそういうものも多い。

翻訳の技術

翻訳をするとき、よっぽど古いとかすさまじく専門用語を使っているとかでもない限り、ぼくはほとんどの本の言っていることはすぐわかる。ぼくが訳す本は、超専門書にはあまりない。だいたいが一般向けの本だ。一般向けの本は、一般人が普通に読めばある程度はわからなきゃいけないのだ。だからその翻訳だって素人にわからなきゃいけない。

でも意味がわかったからすぐに翻訳ができあがる、というわけじゃない。訳語を選ぶのは骨の折れる作業だ。ある程度以上の能力を持った翻訳家の翻訳で差が出るのは、意味を理解する部分ではない。その意味を表現するのに、どんなことばを選ぶか、ということだ。そしてぼくにとって一番の指針は、書き手の言いたいことを、その本が書かれた立場に応じて表現する場合、自分ならどういう言葉を選ぶか、だ。

『存在の大いなる連鎖』は、昔の神学がどんな思想だったかを議論した本だけど、いまある翻訳はえらくむずかしい翻訳だ。だけど、この話は講義録だ。著者は、壇上に立って話している。それなら、講義を行うときの人の話し方というものがある。それを念頭に置けば「この言い方は嫌みだよね、ここは聴衆のウケを狙ってるよね」という著者の言い回しの意図も感じられてくる。それを日本語で再現しようとする。少なくともぼくがこの人のような地位にあり、こんな聴衆を日本で相手にしたら、どんな話し方をするだろうかと考える。講義録なんだし、少なくとも語りかけてくる雰囲気は出さなければならない。

それともう1つ、専門用語や定訳は、特にあまり意識しないようにしている。

むかし訳した『クルーグマン教授の経済入門』でいうと、"diminish"という単語は経済学の世界では「逓減《ていげん》」が定訳になっている。だんだん減ってくる、という意味だ。英語では普通に日常会話で使う言葉なのに、「逓減」とするとそのニュアンスが出てこない。クリプトナイトを前にしたスーパーマンは「私の力が逓減してきた」とはたぶん言わない。だから場面次第では経済学の定訳を使わず、「私の力がだんだん減ってきている」とでも言ったほうが、原文の趣旨に合っているだろう。

経済学の分野で、特にぼくの違和感が大きいのが "money" の訳語だ。日本語でお金の話をするときは「お金」というのが普通なのに、経済学の話になるとなぜか「貨幣」になってしまう。しかし、日常会話で「オレ、今日お金ないよ」と言うところを「オレ、今日は貨幣を持っていないよ」なんて言わない。「お金」と書くと幼稚に聞こえるかな、と「お」を取って「金」にすると、今度は「ゴールド」の意味も持ってしまう、それで苦肉の策で「貨幣」になったんだろうか。それから、経済学者ではカタカナで「マネー」と訳す人もよく見る。あとは「通貨」と書きたがる人もいる。

日本語では普通、「お金」と言うから「お金」にしとこうぜ、というぼくの意見は経済学者からは叩かれて、幼稚だと言われたこともある。でも、やはり日常的に使われている言葉を一番優先すべきだと思う。経済学の理論的な説明で、ここは絶対に「逓減」の言葉を使わないといけないときは「逓減」を使うけれども、そうでないときはぼくが普通に話すときにどう言うかを念頭に置いて訳している。ケインズの『雇用、利子、お金の一般理論』も題名を見ればわかる通り、「お金」としている。

最近、ジョージ・オーウェルの『一九八四』を訳したけど、これまで「真理省」と訳されることが多かったThe Ministry of Truthを、ぼくは「真実省」とした。日本語で真理というと、人間の本性や神の存在にも関わるような哲学的な議論を想起させる。しかし、『一九八四』の世界で問題にされているのは、「この国がここを占領した」といったレベルの事実、今で言えばファクトの話だ。なのであまり大仰な訳語にするのは避けた。いつかもう一度翻訳することがあれば、もっと端的に「事実省」とするかもしれない。

もっとも、オーウェルの気質から考えると「事実ではないが真実である」みたいな詭弁《きべん》は好まなかったはずだから、そこまで細かい言い回しにこだわりすぎる必要はないだろう。ぼく個人も昔から、「真実と事実はちがう」とか「予言と預言はちがう」とか、そういう些《さ》細《さい》な揚げ足を取っても仕方ないと感じている。その意味で、たぶんこれはそんなに重要な話でもない。つまり少なくともオーウェルの翻訳では、この微妙な訳語の差についてあまり議論しても意味がないだろうとは思う。それがジェイムズ・ジョイスなら、また話はちがうかもしれないけれど。ピケティを訳したとき、「なぜ『格差』にしたのか、なぜ『不平等』にしなかったのか」と尋ねられたことがあったが、ぼくは深い考えはなかった。強《し》いて言えば「格差」のほうが字数が少ないから、というくらい。そう答えたら、質問者はご不満だったらしく、「格差」は階級的なニュアンスがあって不適切ではないかと言われた。が、ぼくはそれは、その人の勝手な思いこみの投影にすぎないと思う。そんな無意味な深読みにエネルギーを使うこと自体が不毛だ。

　同じことはタイトルについても言える。英語でも〝Nineteen Eighty-Four〟とアルファベットで書くべきか〝１９８４〟と数字で書くべきか、日本語でも漢字で書くべきか数字で書くべきかという議論があるが、そもそも原語の英語ですら両方の表記があるし、別にオーウェルがそれに文句をつけていた気配はないので、どちらでもいい話だ。だから今回、ぼくはタイトルの表記にもこだわらなかった。いい加減なところをいい加減なままに残しておくのもひとつの見識で、あんまり深読みするのも不健全だと思う。今回は最初は雑にやっていて、その後あまりバラバラなのもアレかと思って『一九八四年』に一時はしたが、本のカバーデザインのとき、「年」がないほうがおさまりが良い、と言われた。考えてみればそのほうがあの本の世界に合っているかもしれないと思った。ご存じの通り、作中にニュースピークという近未来の架空の英語が出てくる。なるべく言葉を減らし、抽象化し、あいまいにするのがあの世界の趣旨だ。『一九八四』にしておくほうが、その方向性にも合っていると思って、そのままいただいた。

これも別に、いまある『一九八四年』や『1984年』という他の訳がまちがっているということではない。いろんな訳し方があるというだけだ。ちなみに、ニュースピークのため『一九八四』では真実省を短く「真省」としたり、否定語や反対語は語頭に「非」や「負」をつけて表したりする。これはその通りに訳してみたが、あまりやりすぎるとインチキ中国語みたいになってくる。そもそもオーウェル自身、『一九八四』で厳密にニュースピークを使っているわけではない。たとえば「真実省」「愛情省」はニュースピークでは「真省」「愛省」となるけど、その短縮形は文中に数ヶ所出てくるだけで、あとは普通の英語で書かれているのだ。たぶんオーウェルも短縮しすぎるとわかりにくいとは思っていたので、「こういう簡略表記がどんどん進んでるんだぜ」と示すために何カ所か例を出した後は、別にそんなにこだわりはなかったんじゃないかと思う。その弁解もあってか、あるいはマジにニュースピークすると小説として読めない代物になるせいか、作中にニュースピークは過渡期でまだ徹底されていないと書かれている。だから、訳者としても雰囲気が伝われば他は中途半端でもいいと判断している。

省の名前は、意味のレベルでは実際の省が行っていることの反対の名前で、音のレベルでは短縮されているというのがポイントで、この2つの点さえ外さなければいいのでそこまで苦労しなかった。「真実省」を「真省」とするのは、日本語で「経済産業省」を「経産省」とするようなものだけれど、省略のやり方についての感覚が日本語と英語でちがうので、やや不自然さはある。普通の日本語では「財務省」を略して「財省」とはしない。こらへんは、自然さを優先した訳のやり方もあっただろう。

余談だけど、いま改めてニュースピークの訳を考えるなら、ソ連の組織が頭文字を取ってKGBと略されていたように、何でも頭文字で省略するという手もあると思う。The Ministry of Truth をそれで略記すると2文字になってつらいので、そのあたりは処理が難しいけど。

訳語選びが特にむずかしいのがダジャレやジョークの翻訳だ。「ここは本題とは関係ない、ただのネタの部分ですからね」と明確にしつつ、書かれている言葉と文脈から何とかその近くで語呂合わせやネタを仕込むしかない。ただ、こういう苦心をしても、かつて柳下毅一郎もどこかで書いていたけれど、読む人がわかってくれることは少ないし、ちょっと無理が出てしまうことも多くて、あまり報われない作業ではある。音のレベルと字面のレベル、意味のレベルと文脈のレベルの複数にまたがるような表現を訳すのはとてもむずかしい。この手の技巧的な作品の翻訳は、往々にして「ご苦労さんだけれど、読みにくくなっちゃったよね……」という文章になってしまう。

その意味で、むずかしさでいうとバロウズより、ルイス・キャロルの『不思議の国のアリス』のほうが上だったかもしれない。バロウズは言葉を音でつなげるタイプの書き手ではないけど、ルイス・キャロルは語呂合わせや韻《いん》を凝らした文章を書きたがる。それにバロウズはしっかり意味が通っている原文ではないので、意味の通った訳文に落とす必要がない部分も多い。訳者の好き勝手にできる部分もあって、ここは新聞記事っぽくしようか、ここは自分で書いた文章っぽいからそれっぽい雰囲気にしよう、などと考えながら自由に訳せるので、ある意味では楽だった。もっとも、最近になってバロウズの非常に優れた研究者が、彼のカットアップの作品それぞれについて、どこから持ってきたのかを真面目に研究して、ここはこの新聞で、ここはこの雑誌記事でと出典を本気でまとめている。それに準拠して訳すとなると、バロウズの翻訳難易度はぐっと上がるだろうし、それで彼の小説のおもしろさが高まるかどうかは、また別の話だ。

ぼくは散文を訳すことが多いけど、『キング・インク　ニック・ケイヴ詩集』は完全な韻文だったから、普段の翻訳とは勝手がちがって苦労した。引き受けた直後に当人が来日して、真っ先に「オレが韻を踏んでいるところは日本語でも韻を踏めよな」と言われて目が白黒。いやー、努力はしますけど、無理っすよー、日本語では英詩のような韻は出てこないわけでそもそもがちがうんだから、と説明はしたけどわかってもらえたかどうか。詩や韻文は、当然ながら格好よくまとめるとか音をぴったり収めるとか、普段とちがうところで注意が必要なので、面倒ではある。

原文通りに訳すということ

さて翻訳についての人の感想はさまざまだ。翻訳への評価がちょっと面倒なのは、それが訳者だけのオリジナルではなく、まず原文があって、それをもとに翻訳が行われるためだ。ある読者がある訳文を読みにくく感じたのは誰のせいかといえば、訳者のせいかもしれない。でももう一つ、原文のせいかもしれない。

ウィリアム・バロウズを訳し始めた頃も誰かに「翻訳がひどい、日本語になっていない」という感想を書かれた覚えがある。しかし、それはもとの文がまともな英語じゃないカットアップだからで、翻訳が日本語になってないのはむしろ忠実な訳だからですよ、と思った。ぼくはかなり原文に忠実な翻訳者なのだ。だから翻訳文が読みにくいとしても、それは往々にして原文の反映だったりする。

こう言うと意外に思う人もいるだろう。特に『クルーグマン教授の経済入門』の翻訳があったせいで、山形はなんだかものすごく原文を歪《ゆが》めてすべて山形調にしてしまう訳者、という印象も一部ではあるのは知っている。ぼくはこれまた不当だと思っている。あの本の訳文は比較的原文のくだけた調子に近いと考えている。人々が、それをチャラいとかくだけすぎとか思うのは、そうした人々がそれまでの、硬くてわかりにくい日本の伝統的な翻訳に慣れすぎているせいではないだろうか。

そもそも、もっと言わせてもらうと、山形の翻訳に対する「なじめない」「違和感」「わかりにくい」というのは、ぼくは多くの場合に、実は読んで意味が実際にわかってしまうことについての戸惑いだったりするのではと思っている。多くの人は本を読んで、その中身を自分が理解できるということ自体を、なにか否定的なことと思っているきらいすらある。かつてクルーグマンの訳文について「真綿のようにからみついてのどに押し込み、無理やり理解を押しつける」ので大嫌いだとかいう評価を見たことがある。でも……それっていいことなんじゃないの？　理解できたらすばらしいじゃないか。でも、この人は明らかに自分が理解できてしまったことに不満だったわけだ。

そしてそんな人は多い。浅田彰が『構造と力』で指摘していたけれど、みんな、マルクスとかフロイトとかの、何を言っているのかよくわからない文章を見て、それを自分が理解できないことで「うーん深い」とか悦《えつ》に入っている。さっきのラヴジョイの話でも出てきたけれど、特に哲学は、理解不能であることからくる、ほんわかした雰囲気があって、みんなそれに酔いしれるのを「読む」ことだと思っている。だから、自分が翻訳（翻訳でなくてもいい）を読んで、なまじ理解できてしまうと、なんかそれは浅はかにちがいない、と感じてしまうようだ。

同じことだけれど、多くの人は翻訳の中身よりは言葉尻にばかり反応する。ぼくは「しかし」というよりは「でも」という表現を多く使う。すると、それが気になって読めないという人がたくさん出てくる。よって山形の訳はダメ、というわけ。その程度のことで読めないというのは、ぼくにはにわかに信じがたいけれど、でも実際にそう主張する人はいるのだ。世間的にも、何か批判を受けたときにたいがいの人は、その批判の中身について反論するより、「口汚い罵倒《ばとう》」とか「品格がない」とかそんなところにしか反応できない。

しかもそれはおおむね「バカの能なしのおまえのかーちゃんでーべーそ」という罵倒のこ

とではない。だいたい「ここまちがってて、こんなことも読みちがえていて、こういう事実も把握せずに議論を進めていて、よってこの本はダメです」というような記述のことだ。まちがいはまちがいなんだし、そりゃむかつくだろうが、反論するか、あるいはひっこめるかしかないいんじゃないの、と思うんだが、そうではないようだ。それは相手に逃げ場を与えず、他の読みの可能性を一切否定して決めつけており、相手の人格を否定するものでウンヌン、とかいう泣き言が出てくる。つまりラファティ「どろぼう熊の惑星」に出てくる造物主の熊のように、なんかもっと優しく言ってくれなきゃイヤ、ということなんだが、知りますかいな。

が、それはさておき、原文が不自然なら翻訳も不自然で当然、とは思う。その本で想定されている英語圏読者にも普通はわかんない話は、あんたら日本人もわかんなくていいんだよ、著者が一部の読者への符丁として書いているところは、それ以外の人はわかんなくていいんだよ、とも思う。その一方で、そこまで含めて翻訳しろよ、とにかくオレにわからせろ、それがお前の仕事だ、よってオレが不自然だと思えば、それは訳が悪い、というのも反応としては仕方ないんだろう。が、原文のせいもあるかもしれない、というのはたまに考えていただきたいとは思う。

ついでに極端な話をするなら、そもそも翻訳の良し悪しが本当にわかる人は原文と訳文の両方が理解できるということだから、翻訳なんか必要としない人ではある。逆に翻訳を必要とする人は、定義からしてその良し悪しは判断できないことになってしまう。だから翻訳って報われないよな、と思うこともときどきある。

訳者解説の書き方

ぼくは訳書につける訳者解説で、時に本の内容にダメ出ししたり疑問を呈したりする。これは訳書の内容を褒めることが多い日本の訳者解説の中では珍しいだろうし、山形の翻訳について、良かれ悪しかれいろいろ物言いがつく1つの理由にもなっているはず。

訳者解説は、もちろんその本の背景説明という意味はある。英語圏なら、英語圏向けに行われる各種宣伝材料を目にする機会も多く、その著者が誰で、どういうポジションの人で、その中でこの本はどういう位置づけなのか、というのを説明する必要はないこともある。翻訳書ではそうしたオリジナルの宣材に接する機会はないし、その部分を訳者解説で補うという役割はある。つまりは販売促進の一環だ。だから「この本はすばらしいですよ、みなさん読みなさい」と書くのが当然だと言われれば当然かもしれない。

ただ、多くの「解説」はそれをやりすぎた結果、今では解説でどんなに褒めても、みんなが「営業トークおつかれ！」と割り引いて見るようになってしまった。だから解説で褒めたところで販促効果はそこまで見込めないんじゃないだろうか。

さらに褒めることを優先するあまり、本の背景情報を提供するという本来の役割を果たせていない解説が目立つようにも思う。ぼくはまず、最低限は本の背景情報を提供するという、訳者解説本来の意義を徹底しているつもりではあるのだ。

その意味でぼくの解説の書き方は極めてオーソドックスなもので、この本を書いたのはどんな人で、だいたいこんな議論が出てきて、出版されたときにどんな反応があったのかをまとめる。この本を読むとどんなことがわかるとか、この本は何世紀に発禁になりかけて論争が起きたとか、どこの国でベストセラーになったとか、ごく一般的なことだ。

受容のされ方にはいい話も悪い話もあるだろうけど両方書く。そしてそれ以上に、本の内容のうち、後で否定された部分があるなら言っておかないといけない。また、訳しながら調べてみると「ここは著者のまちがいでは」ということも当然出てくる。ぼくは可能な限り著者に連絡して「ここまちがっているけどどうする？」と尋ねる。対応してくれる人もいるし、断固として原文が正しいのだと固執する人もいる。果ては何やら代理人から「著者はそんな細かい正しさにこだわる人ではない、訳者の分際でひかえおろう」と叱られたりすることもある。そういうのも含め、背景情報を提供するあまり、販売に逆行するのがいいのかと言われるとつらいところではあるけれど、ダメな本やまちがいのある本に関しては、なぜそんな本が受け入れられたのかも含めて説明したくなる。また時事性の強い本なら、状況が変われればそれは解説で指摘しておきたい。ときには、それで本の前提そのものが台無しになることもあるので、心苦しい面はある。が、ぼくは心情的には作者より読者に近いので、商品に傷をつけるとは何事かと思われたとしても、一番細かく読んでいる読者として、本のどの部分はイマイチで、どこに価値があるのかを示し、読むメリットを読者に伝えたい。ある意味、大きなお世話であることは承知しているので、解説で訳者の先入観を植え付けられたくないという人には、解説を読まず生で本編と対峙《たいじ》していただければと思う。

なぜこういうスタイルになったのかというと、翻訳を始めた頃に「著者の言ってること、変じゃねえか」と書いたら編集の方が面白がって残してくれたので、それが後を引いているところはある。

ただ、どんな本でも見るべきところと見るに値しないところはあるし、みんなに余計な手間をかけさせたり、やっぱり後で騙《だま》されたと思われたりしたくはない。あと、訳書にまちがいがあったときに著者ではなく訳者のせいにされることがままあるから、「ここは著者がそう言ってるんだよ、訳者は知らないからね」と先に言っておきたいこともある。

訳書の読者がみんな本のテーマについて一定の知識があって、読む価値のある部分だけを正視してダメな部分は見ないなら、ここまで丁寧に解説を書く必要はない。ただ、前提知識がない人に本の背景知識を説明し、その上で訳者はこう思うと書いておかないと、解説そのものの信用がだんだん落ちてきてしまうという危機感はある。解説を読んで「この本はすばらしい、天下の名著であります」と書いてあったから買ったのに、本編を読んでみたら全然面白くなかった、なんてことは避けたい。そのためには、やはりある程度ダメなところも指摘しておかないといけない。アマゾンレビューで5つ星のものばかり読んでてもしょうがなくて、3つ星、2つ星あたりの意見が一番正直だ、という感覚に近いかもしれない。

しかし、あまり悪口ばかりになると、商品そのものを否定するのはダメと言って解説を載せてもらえないこともあるので、解説がついていない山形の訳書の中には、そういう事情の本もあるかもしれないという点はご留意いただければ幸い。少しでも見るべきものがあると思って訳す本ばかりでなく、むしろあまりのダメさがおもしろい本だってあるし、またそういう点の有無にかかわらず、依頼があってお金をもらえるから訳している本も当然ながらありますので。

販促ツールになりすぎた解説のほかに、よくない訳者解説のパターンがふたつある。まずひとつは、著者の弟子や信者が翻訳者で、解説も客観的に書いてないものだ。これは特に研究書に多い。もうひとつ、読書感想文になってしまっている解説もある。最悪だったのが、戦略決定論の古典として知られるアリソン他『決定の本質』第2版の邦訳。この本がどういう背景で書かれ、改訂されたのかを説明しないといけないのに、その分野のえらい人が、「背景については他の人に譲るとして」と投げ出し、自分の感想文に終始しているのだ。お前がそこで譲るな、それをやるために呼ばれたんだろう、と思う。えらい先生になってしまうと、自分の発言がすべて傾聴されると思いがちになるのかもしれないけれど、解説なんだから解説しないと。

そういえば、訳者解説とは日本独自の文化らしい。翻訳出版の契約にはたいてい「余計なものをつけるな」という条項が入っていて、訳者が解説をつけるのは日本だけの特例なのだ。日本は昔からの翻訳文化もあるので、特例で許してもらっているとのこと。最近では海外でも、ネームバリューのある人が翻訳すると、その人の書いた論文なり書評なり解説なりが別につくことも増えたけれど、基本は例外だ。

また、日本では翻訳者はかなりえらくて著者と並んで（ときには著者よりでかく）名前が出るけど、外国では翻訳はただの産業プロセスのひとつなので、長いこと著作権もなかったし、名前も出ないことすら多い。特に英語・フランス語・ドイツ語だと言語的にもそんなに遠くないので、大してむずかしいこともやってないだろう、という見られ方をしていたらしい。だから昔はやっつけ仕事の雑な翻訳も欧米では多かった。

ティモシー・リアリーというLSDの教祖の自伝を訳していたときに、原著に文章が飛んでいるところが何ヶ所かあった。囲みのコラムを入れるときに、本文の上から貼っちゃったようだった。「これ、おかしいよ」と、1980年代だったのでファックスで問い合わせたら、ティモシー・リアリーから「そんなはずはない。この本はもう4ヶ国語に翻訳されているが、そんなこと言ってきたやつはいない」と返事があった。いや、問い合わせはなかったかもしれないけど、自分の本なんだから実際に見てみろ、明らかに文章ブチ切れてますよ、という誤植どころじゃない編集ミスだったが、他国の翻訳者はそれまで誰も気づかなかったのだ。いや、気づいても無視しただけかな。日本の翻訳者は、他国よりもちょっと扱いが上な分、仕事もきちんとする、ということなのかも。

しばらく前に『9人の翻訳家』というフランスの映画があって、ある高名作家の新作を出すとき、世界同時発売したいけど内容が漏洩《ろうえい》するといけないので、世界中の翻訳者を集めて密室で訳させるという話だった。最後は、訳者たちが自分たちの扱いに怒り、団結して強欲な出版社に反旗をひるがえすんだが、そこでの彼らの待遇の説明を聞くと、うーん日本はかなりマシだ、とつい思ってしまった（ちなみにそこに韓国語翻訳者はいたけれど、日本語はいなかった）。あれなら原文の脱落に気がついたって、問い合わせる手間なんかかけないだろう。が、閑話休題。

翻訳の基礎体力

一説によると、人間の思考は頭の中の中間言語によって考えられていて、それを日本語や英語という形に翻訳して、それぞれの言語で出力するらしい。実際グーグル翻訳の研究者がコンピュータに翻訳の練習として英語とロシア語で会話させていたら、そのうち英語でもロシア語でもない変な中間言語で話し始め、人間には意味がわからなくなったそうだ。どれくらい真実味のある話かはわからないが、ぼくにはかなり納得感がある。ぼくは昔から、言語を処理する脳の機能はどんな言語を話す人でもほぼ同じで、そこから生じた意味の固まりを英語で話すか日本語で話すかという、アウトプットのちがいに過ぎないのではないかという印象を持っていたもので。

クリント・イーストウッドの『ファイヤーフォックス』という、考えることで戦闘機を操れる機能をロシア人が開発する映画がある。クライマックスのシーンで「ミサイルを発射しろ」と英語で考えても発射できなくて、ロシア語で考えなきゃいけないと気づいてロシア語で考えるとミサイルが飛んでいく。

でも、実際にぼくが翻訳するときのイメージはそういうものではない。何かをいうとき、頭の中に何かこんな、意味の固まりがある。それをどういうふうに言語の鋳型《いがた》か、あのケーキのクリームを絞り出すやつに入れて押し出すと、最も最初の形に近くなるだろうか、というのがそのイメージとなる。頭の中にまず原文の意味があって、それをどう言語で出力しようかと考えて翻訳をする。たぶん、グーグルのＡＩたちは意味をあらわすもっと適切なインターフェース言語を見つけていたんだろう。そして、何かの分野での鋳型やインターフェース言語というのは、その分野の基本的な理論や語彙《ごい》ということになる。

その意味で、ぼくの強みはどんな分野であろうと、とにかく何でもやっていることだ。

以前、誰か東大SF研の人間に「山形は永遠の二流」と言われたことがあるが、これは事実で、ある分野の超専門家ではないけれども、あらゆることについて通説や語彙をそこそこ知っているのが強みでもあり、弱みでもある。また、何か新しいものが出てきたときにも、既存の何かしらを足がかりにして考えていけるので、まったく取り付く島もないという状況にはなりにくい。

前に生物学における進化論について書かれた翻訳書を読んでいたら、SFの話がやたら出てきたことがある。『スター・トレック』の話が出てきても、訳している人がそれをまったく知らないのが訳文から伝わってきた。『スター・トレック』に登場するスポック博士は、育児、教育の分野で活躍した実在人物のスポック博士とはちがうとか、そういうレベルのまちがいがいくつもあった。もちろんそれはつかみの部分の話だから、まちがってもお笑いですむけれども、それが本の主題に関わってくるとひどいことになってしまう。

実際、ローレンス・レッシグの『CODE　インターネットの合法・違法・プライバシー』を訳したときには、インターネット文化と法律の知識が役に立った。こういう中間分野の本はインターネットだけに詳《くわ》しくても、あるいは法律の専門家でもやりにくいものだ。ぼくはすごく分厚い本をたくさん訳しているけど、分厚い本はどうしてもいろんな分野にまたがった議論になりがちなので、守備範囲から考えるとこうなる理由もわからなくはない。

一方で山形は細かい専門用語をまちがえるという話もある。そりゃ完璧ではないだろう。だが料理の話と切削《せっさく》加工の話をまちがえるような、大枠のまちがいはしない。読者が専門用語のミスに気がつけるのも、少なくともそれを認識できるだけの文脈はきちんと訳せているからではあるのだ。

しばらく前に、アンドリュー・〝バニー〟・ファンの『ハードウェアハッカー』という本を高須正和と一緒に訳したときも、このことを感じた。高須さんはハードウェアのマニアでソフトウェアにも詳しく、深圳《しんせん》で起業して製品づくりを経験した人だ。高須さんはコンピュータについては詳しいから、ハードウェアや電子技術の話は完璧に翻訳できるのだけど、『ハードウェアハッカー』の金型加工や量産技術の議論、ちょっと深い理論的な話、あるいは脱線してソフトウェアと人間のDNAの比較の話に飛んだりすると、混乱して意味不明の訳文になったりする。すると何でも屋の山形の出番となる。バニー・ファンがいきなり別の業界のネタを振ってくるもので、そもそもそれが何の話なのかわからなくなって元の訳も変になっていた。まず、そこは急に会計の話に飛びましたよ、そこはDNAの塩基配列の話ですよ、というのを読み取れる必要があるんだけれど、やはり持っている引き出しが限られると、これはなかなかむずかしい。

だから翻訳に限らない一般論として、自分の得意分野だけでなく、いろいろな世界の語彙や概念に詳しくなって、「あ、こっちの業界の話か」というのが切り替えられるようになると、コミュニケーションは非常にやりやすくなる。

本を読んでいると、ちょっとした説明や引用から書き手の考え方がわかることがある。ピケティの『21世紀の資本』は、バルザックやジェーン・オースティンの文学作品の中で登場人物たちがお金の話をするシーンを取り上げている。「この債券《さいけん》の現在の価値はいくらだから、植民地に投資すれば年4パーセントの利益が出るよ」という記述には、昔の資産の利回りは4パーセントくらいだったことが表現されているというのだ。これは非常に面白い指摘で、なるほど小説のそんなところに注目したことはなかったと感心した。

また、ある短編を読んでいたら、主人公の女の子が「ブラーというバンド」の音楽を聴いていたという一節があった。この書き方からわかるのは、おそらくその著者はブラーを知らなかったか、少なくとも読者がそれを知っているという確信がなかった、ということだ。たぶん「ビートルズというバンド」とは書かなかっただろう。A子はビートルズを聴いていた、と書いてそれでおしまいだろう（いまやひょっとしたら、ビートルズにも説明がいるのかもしれないけれど）。２０２５年の日本では、『鬼滅の刃』や「禰豆子《ねずこ》」と前置きせずにいきなり書いてもみんなに通じるだろう。だが、その文章をアラビア語に訳すとしたら、『鬼滅の刃』の知識を前提にはできないかもしれない。「日本の漫画の」とか「鬼に変えられたけれど人は喰わないヒロインの」など説明を付け加える必要も出てくるのかもしれない。

そういえば大森望によれば、最近の翻訳は変わってきているそうだ。昔は『鬼滅の刃』に「日本の漫画の」と付け足すような、あえて説明的にする翻訳が多かった。いまはそうはしない。だから同じ本を訳しても、文字数が旧訳の1割減かそこらになるのだそうだ。以前の翻訳だと、普通の読者はいちいち出てくることを調べたりしないから、この分野の専門書の読者ならこういう基礎知識は持っているだろうと読者の知識体系を見計らって、そこに含まれない部分は補って翻訳していた。昔はまだ読者の水準の見極めがむずかしかったから、書き足す部分が多かったらしい。しかし最近は説明がいらないところはしない、訳文に足す必要のないものは足さないようにしている。今のほうが読者に対する信頼が上がっているとも、突き放しているとも言える。

要するに翻訳というのは、読む人にとっての常識と、書く人（たいがい昔の人だ）の常識をうまく擦《す》り合わせる作業でもあるのだ。

たとえば、政治経済の本を翻訳していてサッチャリズムが出てきたときに「サッチャリズムという理論が」とか、「サッチャリズムというイギリスの理論が」、みたいな説明をつけると、この本の想定読者からは、かえって「こんな常識をわざわざ説明するなんて、こいつわかってねえな」と思われてしまう。ただただ丁寧にしつこく説明すればいいわけではなく、想定読者の知的水準に高すぎも低すぎもしない、ちょうどいいレベルに合わせないといけない。その意味で、第一線の経済学者ではないけど経済学の基礎知識はあり、さらに経済学理論を現場で実践する開発援助の仕事をしているぼくのような人間は、経済学の一般書の翻訳をするのにちょうどいい人間なのかもしれない。

ちなみに、そういうのを訳注で処理するやり方はある。が、訳注をきちんと読んでくれる人は少ないし、どのみちうまく説明できないことも多い。以前プログラミング言語 Python の入門書を読んでいたら、ミック・ジャガーに訳注がついて「ロックバンドのローリング・ストーンズのボーカル」とあったんだが、たぶんミック・ジャガーに訳注がいる人は、ローリング・ストーンズと言われてピンとこないのでは？　どうせ原著の読者だって、そこで言及されるものすべてを知っているはずもないので、文脈上よほど重要でもない限り、わかるヤツだけわかればいいと腹をくくるほうがいいことも多いはず。

つまり翻訳家のスキルというのはただ外国語を翻訳する語学力だけではなく、読書の経験値や想定読者の理解なども含まれるのだ。そしてそこで、百パーセントの人に百パーセントの理解を得てもらおうとしても絶対不可能だ。原著の読者だって百パーセントの理解なんかできやしないんだから。9割の読者が9割の理解をできるくらいの訳を提供できれば大成功。そのためには、想定読者の知識や理解力の幅と、本の内容の幅の見極めとマッチングがポイントとなる。そういう意味で、翻訳は単なる外国語の話にとどまるものではない。

いや、読書の経験値だけじゃない。それ以上に実際の場の経験値もある。人は会議室でどんな話をするのか？　会社に入ったら、会社のＯＬや上司は、サラリーマン小説に出てくるような変に気取ったものの言い方はしないのがわかる。金型加工やプラスチック射出成形の話も、本で勉強はできても、その関係者が工場のフロアでどんなやりとりをしているか聞いたことがあると、その手の話を翻訳でどう処理すればいいかも、見当がつきやすい。人工知能の話でも、百聞は一見にしかず。ＡＩが人類を滅ぼすとかいう変な本をたくさん読むより、自分でちょっとOpenAIを使ってみたり、エクセル深層学習をやってみたりすれば、多少の土地勘――ひいては何か書く／翻訳するときの下地ができる。

翻訳とはちょっとちがうけど、中国経済を研究する経済学者の伊藤亜聖さんは、理論や統計の座学研究だけでなく、深圳のものづくりを研究する過程で、ちゃんと現場に行って調べていた。しかもツアーで工場や市場の見学に行くくらいの学者はたくさんいるけど、彼は実際に現場で働いて、ラインで部品の組み立てまで体験している。経済学者は技術進歩やイノベーションの話をしたがることが多いけれど、その「技術」を実感をもって語れている人はなかなかいない。こないだノーベル賞をとったアセモグルとかですらそうだ。すると、なんだか「技術」が数字のお遊びでしかなくなる。「技術」とか「生産」とかについて、具体的な実地のイメージがあるというのは、たぶん伊藤さんの今後の理論にも重要になるだろう。そしてずっとセコい話ではあるけれどそうした実地体験があることが、翻訳にも影響すると思っている。

英語について

ぼくの読書のスピードは、人と比べると速いほうだと思う。そして、日本語の本を読むのと同じくらいの時間で英語の本は読める。そして、翻訳は、意味がわからない本やちゃんと計算しないといけない本でもない限り、わかったことをそのまま書けばいいだけなので、読書のスピードと翻訳のスピードもそこまで変わらない。むかし時間を計ってみたら、ハードカバーのゆるめに文字を組んだ英語の一般書で1ページあたり、だいたい20分から30分だった。

数学などのむずかしい専門分野の本や、言葉遣いがむずかしい古い本はもちろん比較的時間がかかる。1つの文章を関係代名詞を駆使して1ページ以上続けるアダム・スミスや、20世紀初頭の持って回った高尚＝迂遠《うえん》で嫌みな英語で書くケインズにはちょっと苦労したし、そのケインズの中で19世紀のヒュームが引用されていて、これはさらにひどかった。文章の切れ目を見つけて意味を理解するだけで苦労するレベル。逆に、20世紀後半以降の書き手ではこの手の苦労をすることは少ない。

だからぼくの場合、翻訳の律速段階はキーボードを叩く指の動きで、もう少し入力を速くできれば、今よりもっと速く翻訳ができると思う。

ぼくは子供の頃に親の仕事の関係でアメリカに1年半行っていたので、英語に関しては普通の日本人と比べて不平等な優位性がある。だから英語の上達に関しては「こうしなさい」と言える立場にはなくて、ある程度数をこなさなきゃいけない、とにかく乱読しましょう、自分が知りたいことに関してはむずかしくても挫折《ざせつ》しながらでも繰り返し読み込もう、というくらいの当たり障りないことしか言えない。

子供時代のことを思い出すと、アメリカに行ってから1ヶ月も経たないうちに、なんとなくコミュニケーションができてきて、だんだん英語が読めるようにもなった記憶がある。うちの親は清水建設で、社宅に住んでいるとお母様同士の張り合いみたいなものがあったから、ご近所の外国人の先生のところに行って基礎的な英単語を教わってはいた。記憶をたどっても、特別なことはそれくらいだ。

ちなみにぼくはいまオランダにいる。そこで小学校に通う子供を見ていると、英語はかなり雑だったりする。でも、本人は別に気にしてない。友人と遊べるし、授業もほぼＯＫ。何が正しいかよくわかっていないけれど、まず通じれば問題はないのだ。ぼくも最初は、たぶんそんな程度だったんだろう。そのうちコミュニケーションの中身が高度化すると、それに伴いことばの表現も厳密になる。

そういえば、昔の勤め先の海外支店長になった人は、中途入社でそれまで海外の仕事を大量にこなしていたので、よほど英語がうまいんだろうと思っていたけど、現地のお客さんや委託業者相手に話しているところを聞くと、半分日本語だった。でも、身振りと迫力で通じてしまう。そして相手はそれでなぜかわかってしまう。それで通じるんだという発見があった。

開発援助の分野で仕事をしている人も、別に英語をペラペラうまくしゃべれるわけではないけど、発電技術や発電所の維持の仕方、送電線の規格といった専門技術に関しては十分知っているから、その部分でコミュニケーションはいくらでも取れる。ベースになる基本的な概念の話と共通の単語があれば意思疎通はできる。語彙力はないよりはあったほうがもちろんいいのだけど、むしろ何を話すのかというベースの知識が重要なのかもしれない。まず言いたいことや理解したいことがあり、そのために書いたり読んだりを繰り返していくのが、語学上達の道だと思う。前出の高須正和氏も、メイカーの世界やハッカー業界の話をあちこちでプレゼンする、という目的意識をもって練習したら、英語も中国語も急激にうまくなったという話を書いている。

英語の勉強でここは気をつけましょう、という点があるとすれば、せいぜい言い回しの差があることくらいだろうか。“Remember Pearl Harbor.”を日本語では「覚えておけ」ではなく「忘れるな」と訳す、といった常識的な知識はいくらかあるが、それ以外に言語特性の差を感じたことはあまりない。

強《し》いて言えば英語は関係代名詞を使って、後にどんどん説明をつなげる書き方があって、これは日本語に翻訳するときに文章を切って、いくつもの文に直さなきゃいけないのが非常に面倒くさいが、これは言語の差というよりも書き手個人の癖による部分も大きい。

そうした技能以上に、ここ数年のＡＩ翻訳の進歩には目をみはるものがある。

翻訳とは、頭の中にある「意味」を外の世界に記述する作業と捉えている、と先ほど書いた。だから昔から、いつか機械が翻訳をできるようになるとは思っていた。が、これまでの機械翻訳や翻訳ソフトは、進歩したと言われつつ毎回「あ、こんなものですか（失笑）」みたいな、単語を並べたのに毛が生えたような代物が続いていた。だがここ数年の躍進ぶりには壮絶なものがある。変なひねりのない文はほとんどそのまま通じる翻訳ができる。ここまで進歩が早いとはだれも思っていなかった。

英語については、自分も「まだまだＡＩごときには負けんぞ」と年寄りめいたことを言いたい気分にはなる。実際、まだＡＩ翻訳よりはぼくの翻訳のほうが優れているとは思う。どうせ手直しが必要なので、本文の翻訳に機械翻訳を使うことはないけれど、無数の名前が並んでいるだけで誰も読まない謝辞の部分は、ＡＩが一瞬で名前を全部カタカナにしてくれるので、ありがたく使っている。あとは、注は「○○参照」ばかりなので機械翻訳に喰わせることも多い。もちろん、それも一応は見直すけれど。だがぼくは翻訳で喰っているわけでは（あまり）ないので、ＡＩにすごく危機感を持ってはいない。むしろ、機械翻訳がもっと便利になって、世の中がわかりやすくて読みやすい翻訳であふれていたら、わざわざぼくが翻訳なんてしなくてもいいのになあ、というのが本音だ。すでに今の時点でドイツ語やラテン語、フランス語は、ぼくは片言以下しかできないので、ＡＩ翻訳のほうが圧倒的に上だ。昔は文中で引用されたりしていると冷や汗だった。そのときと比べたら、現状は天国。「機械翻訳さまさまです」と言うほかない。

今後、翻訳の8割から9割、特に実務翻訳や技術翻訳みたいなやつは機械翻訳でかなり置き換えられるはずだ。もうすでにそれに近いことになっているだろう。中国製品のマニュアルは、昔は機械翻訳にしてもひどいものばかりだったが、いまはほとんど違和感がないことも多い。仕事に使う報告書やマニュアルは、日本語でも英語でもフランス語でも書式がある程度同じだから、すでに機械翻訳で大きく変わるようなことはなくなってきている。

すると今後、多くの翻訳はおそらく機械化されて、機械には出せないような尖《とが》った部分を出したい人が趣味でやるものになるはず。文学書や思想書でも、このまま機械翻訳のレベルが上がっていくと、人間の翻訳家の出番は減るだろう。すでに、非常にややこしい現代思想っぽい英語ですら、機械翻訳でも案外それらしい文章にはなる。むしろ機械翻訳のほうが構文解析力が高いので、そういう文こそバカな人間よりもＡＩが正確に訳す場合すら出ている。冒頭で述べた、単語を全部引いてそれをなんとかつなごうとするような翻訳は、もうとっくに凌駕《りょうが》されているだろう。ただ、まだ完全に信頼できるレベルではないし、ときにはとんでもないかんちがいもする。依然として人間のチェックは必要で、翻訳家のいらない世界はもう少しかかる。ＡＩは能力がどんなに上がっても、責任は取れない。人間は最後に責任を取る役目だけが残るだろう、という説がある。客先で頭を下げるのが仕事の、人間の上司のようなものだ。翻訳家の多くもいずれ、最後にＡＩのやらかしの責任を取る、最終校閲《こうえつ》者みたいな存在になるのかもしれない。

ちなみに、翻訳書を昔から読んでいる体感では、最近の英語翻訳の質は全体的に上がっている。相変わらずとんでもない翻訳もあるけど、昔よりは減っていると思うし、英語をそのまま読める人も増えてきているので、ダメなものにはすぐにツッコミが入る。これは本当にありがたいことだと思う。

翻訳の道具

翻訳に使うツールには、あまりこだわりはない。特別な環境があるわけではなく、マイクロソフトのワードかLaTexがベースで、あとは普通の軽いテキストエディタを使うくらいだ。訳書の原文が送られてきたらまずは全文をワードなどに貼り付ければ、視線の移動なしで翻訳できるのでやりやすい。

実は昔は、もっとツールや環境で文章にさまざまな変化があるんじゃないかと思っていた。ぼくの古い翻訳の訳者あとがきを見ると、最後に必ず使ったマシン、ワープロやエディタ、FEP（かな漢字変換ソフト）を書いてある。そういうのが文章に影響するだろうし、いずれそんな研究をしたがる研究者も出るのではと思ったからだが……それは今のところなさそうだ。

執筆環境へのこだわりは、作家と翻訳家のちがうところだろう。ゼロから世界を作っていく作家は、書いたもののバランスを見ながらいろんな部分をつなぎ、並び替えて作品を構築していくから、エディタやツールを吟味《ぎんみ》するのは当然のことだ。藤井太洋さんは、小説執筆用のエディタプラグインまで作って公表している。すごい。これに対して翻訳家は、言ってしまえば頭から全部訳せばいい。ぼくはすでに述べたように、あっちこっち飛び飛びで訳すことが多い（このため、ときどき「できたところまでください」と言われて慌《あわ》てることもある）。が、別に文のバランスを吟味する必要はないので、楽だ。自分で文章を書くときには「なんかおさまりが悪い」とか「我ながらマヌケだ」と思ったら書き直すしかないけれど、翻訳なら「ウププ、作者ダメじゃん」と笑いながら（または怒りつつ）どんどん先に進めばすむ。

翻訳に関して重要な道具があるとすれば、原文と訳文を対比して見るための画面の大きさだ。ピケティの『資本とイデオロギー』という分厚い本を訳したとき、英語版をもとに翻訳したけど、最終確認のゲラが出てきたところで、どうもフランス語版とちがうところがちょこちょこあるのに気がついた。一節がまるまる抜けていたり、余計な部分があったり、文脈がおかしい文章があったり。仕方ないからフランス語版と突き合わせをしたけど、そのときは3ヶ国語を並べて比べられる大きなモニターが活躍した（タブレットも並べた）。

あとはちゃんとしたキーボードがあればいいくらいだ。打てばしっかり応答してくれる、応答性の高いものでさえあればいい。細かく言えばメカニカルか静電容量式の、キーが軽くても少し手応えのあるものが好きだ。が、正直ぜいたくは言わない。あるものでやる。メンブレン上等。これでないと仕事にならない、というようなものはない。

辞書は研究社の『新英和大辞典』第6版の電子版を使っているが、かつてより出番は減っている。専門用語に関しても、専門的な用語辞典を参照することは減ってきた。昔は人体解剖図鑑とか、いろいろな辞書や図鑑を揃えていたが、今ではだいたいのことはネット検索で一発だし、ネットの方が変化にも対応が早い。でもそうした専門書が与えてくれる全体像も重要ではある。ネットにばかりに頼ると、専門的な文脈で専門用語を使うべきところで見落としが発生したりはする。「山形はときどき専門用語をまちがえる」と言われるのは、一つは以前述べたように逐語訳《ちくご》的な専門用語を必ずしも重視しないからだけれど、もう一つはこんなところにも少し原因があったりはする。すまん。

電子辞書が流行り始めた頃はガジェットやツールにこだわる翻訳家もいて、大森望はすごく詳しかった。エディタからシームレスに電子辞書を呼び出しつつ効率的に翻訳を進めるには、といった雑誌連載や本もあったはず。いまはどうしているのやら。

記憶に残る翻訳家

ぼくは自慢だけれどかなり優秀な翻訳者だと思うが、それでも、いやそれだからこそ一目おく翻訳者も多い。

たとえば渡辺佐智江という人がいる。彼女は文学方面だと天才的で、奇抜な文章を訳させたらぼくよりも全然すごい。

彼女が翻訳デビューしたのは、キャシー・アッカーの『血みどろ臓物ハイスクール』という作品だった。詩や日記、戯曲やイラストなどいろいろな文体を織り交ぜた、その筋では有名なカルト的作品だ。

最初、『血みどろ臓物ハイスクール』の翻訳はぼくがやることになっていた。でも、その時点で彼女は全訳を完成させていて、それを白水社に送りつけていた。だから白水社はぼくに依頼したとき「あ、なんか、全訳した人がいて原稿送ってきたんですが、一応見ますか」とそれを渡してくれた。まあファンのシロウト翻訳では話にもなるまいが、と1ページ目を開けた瞬間、「あれ、ぼくはいつこれを翻訳したんだっけ?」と思ってしまった。そのくらい、ぼくのやりそうな翻訳を完璧に仕上げていた。それが渡辺佐智江だった。

それで白水社には「ぼくがやるのと同じ翻訳がすでにあるんだから、これをそのまま出しなさい」と言って、『血みどろ臓物ハイスクール』は彼女の翻訳で世に出た。

彼女は、タイポグラフィや語呂合わせが出てきて「作者の頭の中はどうなっているんだ」と言いたくなる作品でも完璧に日本語に翻訳できる。ジョークや言葉遊びは翻訳してもあまり評価されないのだけど、渡辺がそういう遊びを訳すと、完成度にいつも感服してしまう。

彼女が訳した本の中でも『ゴーレム100』（アルフレッド・ベスター）はすごかった。ぼくはかつて原文で読んだのだけど、何が書いてあるのかさっぱりわからなかった。未来のスラムで話されている変なジャマイカ英語とハイテク用語が混じった新しい英語、それも罵倒語が混じったむちゃくちゃな言葉で書かれていたからだ。それを彼女は完璧な日本語にした。文句なしの天才だ。その一方で、そういう変な作品にとどまらず、オーストラリアのリチャード・フラナガンの作品などほんとうに重厚で見事な翻訳もできる。

翻訳者には天才型と秀才型がいる。翻訳SFの世界には伊藤典夫と浅倉久志という2人の絶対的なレジェンド翻訳者がいるのだけど、伊藤典夫という人はある種の天才的な翻訳家で、非常にシャープな、ぼくにはこれはできないと思わせる仕事をしてくれる人だった。対して浅倉さんは秀才的な翻訳家で、フラットな訳文が特徴的だ。何でもきちんとやってくれて、奇を衒《てら》うところはあまりない。異様な、突出した翻訳みたいなものはしないんだけれども、非常に安定していて外さない、ある意味で優等生的だ。作家によっては浅倉さんの訳文のほうが合うことだってもちろんある。

ジェイムズ・ジョイス『フィネガンズ・ウェイク』という天下の奇書を訳してしまった柳瀬尚紀は、この分類で言えば明らかに天才型ではある。『フィネガンズ・ウェイク』の奇怪な翻訳から、ドナルド・バーセルミの端正とも言うべき翻訳まで見事だった。ただし彼のエッセイは妙な自意識と気取りが強い。彼の『ノンセンソロギカ』というエッセイ集というか変な本は一時は何度も読んでいたけれど、あるときから鋭い部分以上にその自己陶酔した部分が鼻につくようになった。ときどき、翻訳にもそういう自意識が顔を出して、落ち着かない感じがすることもある。とはいうものの、翻訳者がちょいとばかり出しゃばって前に出るぼくのやりかたは、柳瀬尚紀の影響も多少あるとは思う。

柴田元幸さんはどちらかというと秀才タイプだと思う。学者なので非常にいろんな背景知識をご存じで、それを踏まえて原文の持ち味をなるべく活かしつつ、ストレートな翻訳をしている。そして秀才型だからといって、変な作品ができないということではない。トマス・ピンチョンの『メイスン&ディクスン』という小説がある。これまた変な本で、ぼくは原文を見て「こんなの読めねえよ」と思ったほど。昔の英語を真似したインチキ英語のような文体なのだ。それを柴田元幸はうまく、不自然さを残しつつも読めば意味がわかる日本語にしていた。それもすさまじく分厚い本の全編にわたって。ぼくは失礼ながら柴田さんがそういう翻訳をできるとは思っていなかったので、ほんとうに脱帽した。

また、彼が訳したマーク・トウェインの『ハックルベリー・フィンの冒けん』もいい。原文の、読み書きもろくにできない人のめちゃくちゃ砕けた南部英語を日本語で完全に表現していて、すごい翻訳だった。こういう労作を時間をかけてコツコツ仕上げていくのはやっぱり大したもの。柴田元幸の訳を見ていると、努力とやる気とは世界一みたいな印象が常にあって、彼の翻訳はいつも安心して読める。

経済学の方に行くと、『ブラック・スワン』(ナシーム・ニコラス・タレブ)や『ヤバい経済学』(スティーヴン・D・レヴィット、スティーヴン・J・ダブナー)の翻訳をやった望月衛も非常に優秀な翻訳家だ。一時期、経済学の世界でもカジュアルな本が増えたことがあって、そういう本に口語的な訳をするのが流行った。人によってはそれを「山形流の悪しき訳し方」と嫌うけど、英語で言うGreat minds think alike.優れた人は同じようなところに収斂《しゅうれん》するのです。彼も冗談は冗談っぽく訳せるし、口語っぽくふざけて語っているところも訳せる。特に『ヤバい経済学』はお堅いはずの教授が「変なことを研究しちゃったぜ」とふざけて語るのがポイントなので、そういう雰囲気をきちんと出せている。サブカルネタや口語的な表現を必要なところでは使いつつ、真面目な本はちゃんと真面目に訳せるのが望月衛のいいところだ。

経済書の翻訳では、村井章子は安定している。望月さんのような砕けた遊びはしないけれど、仕事が早くて堅実で、いろんな本をしっかり正確に訳してくれる。時々、ぼくが訳したいと思っていた本を彼女がいち早くやっちゃったりして、やられたー、と思うこともある。

彼女の訳は古典でも読みやすい。アダム・スミスの『道徳感情論』は、日経BPの村井章子訳と講談社学術文庫の高哲男訳の2冊がほぼ同時に出たが、高哲男訳はかなり逐語訳でむずかしく、学者向けだったのに対し、村井訳の方が読みやすく一般向けの訳になっていた。天才型か秀才型かでいえば圧倒的に秀才型で、あんまり訳文で遊ぼうとするような指向はなく、時には「もっと原文のおふざけは面白く訳せないのか」と感じることもなくはないけど、まちがいはしない。そういう意味では安心して読める翻訳家の一人だ。

SFでは大森望と柳下毅一郎の仕事ぶりは大学あたりから見ていて、技術力も作品を選ぶ目に関してもまったく不安はない。こいつらが訳してるなら読むに値するんだろう、と思う。SFならSFの醍醐《だいご》味《み》をちゃんと理解した翻訳だろうし、柳下なら映画評論の変なところもまったく問題なく訳してくれているだろう、と。

逆に、ある意味での反面教師ともいうべき翻訳者もいる。それが、東大ＳＦ研で３つぐらい上の先輩だった野口幸夫さんだ。

といっても、彼が下手だったということではない。彼は圧倒的に天才型の翻訳家で、ぼくなんかはとても敵《かな》わないすばらしい訳を仕上げる人だった……んだけど、専業の翻訳家になったあたりから、翻訳がだんだんおかしくなっていった。

彼は、なるべく原文を活かしつつ、その持ち味を日本語で出すことをずっと考えていたが、そのうち、原文に忠実な翻訳にするためには、原文の英語が書かれている言葉の順番通りに、日本語の訳文も読者の頭に入ってこなきゃいけないという観念に囚《とら》われ始めた。「This is a pen.」という英語があったら、「これはである、ペン。」としなければならない、そういう『スター・ウォーズ』のヨーダまがいの翻訳にしなきゃいけない、と。当然ながらめちゃくちゃで普通は途中であきらめるんだが、なまじ能力があるばかりに、それを力業でまがりなりに、というかまがりくねった訳文にしたててしまい、やがてトンデモ翻訳の例として取り上げられるようになって「野口病」などと馬鹿にされるようになり、そのうち他界してしまった。

彼がサンリオＳＦ文庫などでやっていたいくつかの翻訳は、天才ぶりが縦横に発揮された名訳だった。それがなんでこんなことに、という思いは未だに頭の片隅にある。東大SF研の連中で話していても、野口さんの話が出ると今でもちょっと静まり返ってしまう。

野口さんのことを思い出すと、翻訳を文章だけで考えていると変な方向に行ってしまうのではと思ってしまう。図書館の中だけにこもらず外の世界に出て、言葉が実際にどういう場面で使われているのか、世の中のどういう人がどんな意図で発言しているのかを観察しないと、天才型の人であってもいい翻訳はできないのだ。ひたすら原文とだけ一対一で向き合い、文章だけで完結した世界に生きていると、「This is a pen. の順番通りに意味が頭に入ってくるように」という思考になりかねない。それは怖いな、そうはならないようにしよう、とぼくは昔から思っている。

ぼくが本業で開発援助の仕事をして、翻訳業をメインにしなかったのも、ある意味ではそれが大きな理由の一つだ。さっきも述べた通り、本の中、文の中だけで完結するのが怖いのだ。もう一つの大きな理由は、後で話をするけれど、最初にやった翻訳書が出るのが遅れに遅れて、こんな不安定では仕事にしたらヤバいと思ったからではある。

が、コンサルや開発援助稼業は翻訳の仕事にも間接的に役立っている。さっき述べた通り、実際のいろんな場に触れられるからだ。ついでに野口病が他の世界にもあることがわかる。開発援助でも、現場を見た後で世界銀行などの資料を読むと、「現場からあまりに乖《かい》離《り》しすぎてない？　本気で言ってるの？」という絵空事が多々ある。でもそういう空気感は資料だけではわからない。外の世界を見た経験があるからこそ理論と現実の乖離が見えて、この感覚は経済学書の翻訳をする上でもプラスに働いている。

翻訳者になるまで

ぼくにとって、好奇心の取っ掛かりになった最初の窓がSFだった。

小さい時から偕成社の『SF名作シリーズ』みたいなものが好きで、科学はすごいものなんだと子供心に憧《あこが》れを持っていた。『海底2万マイル』のノーチラス号にすごく興奮した記憶がある。

1964年生まれだったので、1969年のアポロ11号の月面着陸とか、科学が盛り上がっていた時代にちょうど幼少期を過ごした。学校のクラスには必ず科学少年みたいな子がいたと思うけど、ぼくがまさにそれだった。子供時代に科学少年だったことが山形浩生の原点だ。このときの経験なしには、ソフトウェアやハードウェアへの関心も生まれなかったかもしれない。

科学少年の一部は『子供の科学』を読んだり電子工作のほうに行ったりして、同時にSFにはまっていった。ぼくもその一人だ。

今から振り返ると当時は、1950年-60年代にアメリカでSFが黄金時代を迎えた後、SFは子供向けのくだらない冒険小説の焼き直しだという冷ややかな評価も出てきた一方で、アポロ計画のようにSFが現実になる可能性も出てきた。それでも、SFはしょせん通俗小説でしかなく、設定だけのおもしろさだと見下され、二流扱い。これはSF業界のコンプレックスでもあって、「我らが国民の文学SFは、安くてページが多い」とかいう変な替え歌も耳にしたっけ。

その頃は、誰かが面白いとすすめていた本を全部読んでいく読み方をしていた。あるとき荒俣宏の『理科系の文学誌』に出会って、SFを文学として、作者の世界観を反映したものとして読めることに驚き、世界がさらに広がった。そして、SFにおいて強い影響を受けたのが、ジュディス・メリルの『SFに何ができるか』だった。「世の中にはすごい本がいろいろあるんだ、訳されてないものもたくさんあるから頑張って読まなきゃ」という感覚になった。

高校生最後のとき、山野浩一が主宰する読書会に行った。山野さんは競馬評論家として有名だけど、日本SF業界の異端児でもあり、彼が細々と続けていた『季刊NW－SF』が毎月ワークショップをやっていたのだ。SFはもう少し文学として成熟しなくてはいけないという論陣を張っていて、これにはすごい可能性があるんじゃないかと高校生ながらに感じて、受験が終わったときに顔を出してみた。すると結構歓迎されて、だいたい2、3人しか来ない集会だったのだけど、いろいろな本を貸してもらった。これも山形浩生の大きなルーツだ。山野さんの話はまた後でしよう。

ぼく自身が翻訳家になったのはまた別の経路だ。大学時代、あちこちの大学にSFのファングループ（ファンダム）があって、まだSFの翻訳があまりなかったので、みんなで短編小説を手に入れては翻訳し、自分たちの同人誌に載せていた。かつては洋書を買うのはものすごく大変だった。お茶の水の丸善には、安売りペーパーバックのかごがあって、そこからいろんなSFを漁ってきては、おもしろそうなものを訳すのだ。大森望とか柳下毅一郎とか菊池誠とか、いまSF界やその周辺で活躍している人の多くはファンダム出身だ。そういう連中がいろいろなものを翻訳して、毎度「東北大にティプトリーが載ったぞ」「あいつの翻訳は下手だ、俺の方が上手い」とか、そんなことを言って仲間内で競争していた。著作権は完全無視で、本当はアウトなんだけど。

SFファングループの思い出といっても、どこの大学のサークルにもあるような話しかない。まだSF映画なんて日本に入ってこなかったので、誰かが「クローネンバーグの『ヴィデオドローム』が手に入ったぜ」と言い出してみんなで合宿して鑑賞するとか、「『スター・ウォーズ』とかいうSF映画ができたらしいぜ」と言ってレイトショーに行くとか、それこそ青春だった。大学間のつきあいやライバル関係もあって、「ハーラン・エリスンの翻訳はお茶大の阿部敏子のシマだから荒らしちゃいけないよね」などと言いつつ、お互いの大学で定期的にイベントを開いては最新の動向を発表していた。SF研の翻訳合戦で「あーじゃない、こうだろ」とお互いに悪口を言い合った経験はいまも糧になっているし、だから今でもぼくの翻訳の悪口を言ってくれる人には感謝の念がないでもない（ちゃんとした悪口なら）。

さらにちょうど高校生や大学生の頃、1970年代末から『スター・ウォーズ』や『ターミネーター』のような特撮映画によってSFブームが起こり、SFが昔よりメジャーになってきていた。一方でぼくが大学に入った1980年代頃、SFは弾圧されているんだ、あまり翻訳もされないし映画も紹介されないんだという被害者意識も依然として残っていて、迫害されているからこそ俺たちが頑張ろうという意気込みで世界が広がっていった。

当時ＳＦファンダムの中には、ＳＦ観をめぐっていくつかの派閥があった。まず単純に冒険活劇的なものとしてＳＦを楽しもうという派閥。それからもう少しむずかしく、ＳＦを科学時代の新しい文学として捉えようという派閥。ＳＦは幼稚だからもっと文学に近づけなければいけないという派閥もあった。さらに人気ジャンルになりつつあったファンタジーをＳＦと認めるか、ＳＦ映画はＳＦに入れていいのかどうか、なんていう、いまにして思えば牧歌的な論争もあり、おかげで東大にはＳＦ研とＳＦファンタジー研とＳＦアニメ研があったのかな。さらに創作主体の新月お茶の会があったのか。それがお互いを遠巻きにながめていた感じ。

その中で、ＳＦはもうちょっと文学っぽい方に行けるんじゃないかというむずかしいＳＦの捉え方をしていた人の一人がジュディス・メリルで、ぼくも影響を受けた彼女の『ＳＦに何ができるか』は、ＳＦを文学として捉える人にとってある種のバイブルになっていた。メリルが編んだアンソロジーが創元推理文庫の創元ＳＦシリーズから何冊も出ていて、その中の『年刊ＳＦ傑作選７』（東京創元社、１９７６年）に載っているバロウズの見事な短編小説「おぼえていないときもある」を柳下に教わったことが、バロウズの面白さを再認識するきっかけにもなった。

その少し前にサンリオSF文庫ができて、刊行第1弾の一冊がバロウズの『ノヴァ急報』だったけど、それを見ると「バロウズって正面きってSFに入れていいんだ」という驚きの一方で、読んでみると何が書いてあるのかもわからなかった。これを読んだ中学生のとき、難解すぎてぼくのような人間にはわからないんだ、勉強不足にちがいないと思った。もっとも、今考えると当時の翻訳がデタラメだっただけなのだけど。

そのサンリオSF文庫のアドバイザーをしていたのが前出の『NW-SF』の山野浩一だった。ぼくが大学に入った1980年代初めあたりに、そのサンリオSF文庫が登場し、それまで『SFマガジン』だけだった世界に徳間が『SFアドベンチャー』という新しいSF雑誌を出し始め、SF出版の世界に新風が生まれた時代だった。

それまでは、SFの世界は早川書房や東京創元社のようないくつかの出版社や、SF黎《れい》明《めい》期を作った偉い人のグループ「一の日会」がエスタブリッシュメントというイメージ。「一の日会」はぼくたちのずっと上の世代の伊藤典夫さんや横田順彌さんといったSF草創期の人たちが集まる会合で、えらく敷居が高い。少なくともそう思われていた。先輩が「一の日会」に挨拶《あいさつ》に行っただけで武勇伝になるくらいで、ぼくなんか怖くて出向こうと考えるだけでバチが当たる。そしてそれはもちろん、小さい業界の親睦団体ではある一方で、ある種の産業利権の既得権益者の集まりでもあった。

そういう主流派によるSF出版の独占市場が壊れたのが80年代だった。SFに限らず昔は翻訳というのは徒弟制の世界で、翻訳者の先生の下に弟子がいて、実は弟子が翻訳しているけど師匠の名義で出る、みたいなことがたくさんあった。そうなると優秀な弟子ほど抱え込まれて外へ出してもらえない、デビューできないという悲しい状況が続いていた。そこに目を付けたのがサンリオSF文庫で、彼らはずっと日の目を見ないでいた弟子たちにどんどん声をかけてデビューさせた。一時は「サンリオは業界破壊だ」と散々悪口を言われていたそうだ。おかげで、大学生やそれに毛が生えたような人もどんどん翻訳家としてデビューできるようになった。中にはかなりイマイチなものもあり、そのために悪口を言われたりもしたけれど、SFの世界全体は活況を呈していた。さらに『スター・ウォーズ』や『ターミネーター』による社会全体のSFブーム、ファングループの活動、出版業界の変革が同時に起こって、ぼくもその渦中にいたから翻訳者になったのだ。

ぼくの翻訳デビュー作は、かの『エイリアン』のモンスターを作った、H・R・ギーガーの画集『ネクロノミコン2』だ。当時、英米圏以外のSFにも注目しようという動きがあり、サンリオSF文庫でフランスや中国のSFがいくつか出ていた。他の国にも面白い

SFがないかと思い、ドイツ語の本を取り寄せて（当時はアマゾンなんかなかったけれど、大学の生協に、赤い「外国で出ている本の一覧」というとんでもない本があり、それを見て頑張って取り寄せていた）辞書と首っ引きで翻訳して大学のファンジンに載せていたら、同世代のSFファンダムの重鎮で現東京創元社に入っていた小浜さんが、西武系のトレヴィルという出版社がドイツ語をできるやつを探していると言って紹介してくれて、『ネクロノミコン』を出すことになった。余談だけど、バブル期に西武でギーガー展が開かれ、同時に目黒から白金に行く首都高2号沿いに「ギーガーバー」なんてのもオープンした。それでギーガー本人が来ることになって、トレヴィルがアテンドした。ギーガーはトンネルが怖いから、成田空港から東京まで車で行くのにトンネルを通らないルートを探さねばならなかった。結局、どうしても1ヶ所だけトンネルを通らないといけない場所があって、そこだけギーガーに目をつぶってもらって通ったらしい。

トレヴィルではその後もティモシー・リアリーなど何冊かやらせてもらったけど、やはり翻訳家を職業的にやるのはむずかしいと悟ったのもそこでの経験だった。大学を卒業する前にリアリー『神経政治学』の訳稿を上げたから、もうあと半年もすればお金が出るだろう、そのお金で大学院の学費をまかなう、もう世話にはならないぜと親の前で大見得を切ったのに、編集の川合さんがデザインに凝ってしまってなかなか本が出ず、なんと実際にお金が入るまで2年以上かかったのだ。大見得を切った後で親にすいません、お願いしますと土下座する羽目になってしまった。本がこんな不規則な出方をするなら、翻訳家という不安定な職業はちょっと無理よね、飢え死にしてしまう、という教訓を得た。

第2章 読書と発想の技術

読書は大雑把でもいい加減でもいい

中学に入った時に、えらいと思っていた先輩がいた。ある時、「先輩はどんな風に勉強しているんですか?」と聞いてみた。すると、「古典を読みたまえ」と言われた。今にして思えば中学生の背伸びだが、当時のぼくはその言葉を馬鹿正直に受け取った……んだが、古典ってのがなんだかわからない。「古典ってくらいだから、古ければ古い本ほどいいのか」と、本屋に行って岩波文庫の古そうな本を手に取った。それがヘロドトスの『歴史』だった。

しかし、読み始めたら変な話ばかり。なぜか記憶に残っている話として、サハラ砂漠の昔の戦場跡には戦死者の頭蓋《ずがい》骨の山があり、片方の頭蓋骨は石を投げるとすぐ割れるが、もう片方は割れない。これはなぜかというと、頭蓋骨が割れない方は頭を剃《そ》っていたから、頭が日光で鍛《きた》えられていて頭蓋骨が硬いんだよ、というような、中学生が読んでも「本当に?」と思うようなくだらない話が山ほど書いてある。いまでもハゲな人を見ると「頭蓋骨鍛えてますねー」と思ってしまう。

ぼくはくだらないトリビアは昔から好きだったので、ヘロドトスは結構楽しく読んでしまったのだけど、そういうネタ本を求めていたわけじゃなかった。ヘロドトスの次は『ガリア戦記』か、と思ったが、結局読まなかったなあ。でもなんかこれを読むと世界のすべてが見通せるぜ、みたいな本への期待はあった。図書館の奥深くに、すべての秘密を書いた本が〜、みたいなのに結構あこがれていて、誰も読んだ形跡のない本をあえて手に取ったりしていた。あまり役には立たなかったけど。あと高校の図書館では五木寛之『青春の門』など、どの本の何ページにエッチなシーンが出てくるか、といった情報交換を同級生の間でやっていたし、変な本と下ネタの嗅覚《きゅうかく》は身についたかもしれない。

その後、大学に入ると、浅田彰の『構造と力』をが流行った。さっきも述べたが、この本に書いてあった「本は気軽に読め」という言葉にはかなり共感した。本の最初から最後まで、いちいち「深いなあ」と感嘆しながら通読しなくていいという主張は、ぼくが浅田彰の思想をどう思うかはさておき、非常に参考になったし、救いになった。

この2つの経験が、ぼくの読書の指針を作ってくれた。「世間で言われているほど古典はすごくない、気負わず読めばいい」ということと、「いい加減に読み散らしていい」ということだ。こんな大雑把でいい加減な読書が、ぼくを多くの場面で助けてくれたように思う。

フロイトやマルクスのような有名な思想家の著作は、最初から最後まで精読しなきゃいけないと思っている人は多いだろう。そして、多くが『資本論』を1巻の途中、下手をすると本文にたどりつくまえに「ナントカ語版序文」の洪水で挫折したりするわけだ。

　でもそんなに生真面目には読まなくていい。「この人は何か説明したいことがあって本を書いたはずだ、それは何なんだろう」というのがまず知りたいところ。それがわかったら次に、「それをどう説明しているのか」に意識を向ける。まずそれができるような拾い読みから始める。

「そんなふうに本を読んでいいのか」と驚く人がいるかもしれない。しかし、電化製品の取扱説明書を想像してほしい。あの手の説明書はすべてを通読することを目的に作られてはいない。このページはこの機能を使いたい人に、あっちのページは別の機能を使いたい人に向けて、というふうに用途に応じて読むべき部分は変わってくる。普通の本だって、取扱説明書のように自分の用途に必要なように読めばいいのだ。ぼくは、だいたいの本を「この人は何が言いたくて本を書いたのか」を理解するための説明書として読んでいる。

　本がむずかしいと感じる理由は、最初から最後まで一字一句も漏らさずに読み、完璧に理解しようとしてしまうからだろう。すると、ちょっとわからん部分があるだけで挫折する。だが、途中のむずかしい部分はわざとむずかしく書いているだけで、大雑把に理解したい人向けのあらましは最初と最後で説明している本は意外と多い。そういう本は、わかりやすい部分だけ読んでざっくり理解するという手もある。

少なくともぼくの場合、一冊の本をとことん精読したり、徹底的に何百回と読んだりして真理を会得するという読み方は昔からしてこなかった。逆に量を重視してとにかくたくさんの本を読むのでもなく、必要なところだけつまみ食いであれを読み、これを読みしているうちにものごとの全体像をなんとなく理解するタイプだった。

だから、ざっくりとした理解を助けてくれる初心者向けの本に頼るのが悪いことだとは決して思わない。高校生の頃に読んだ岸田秀の『ものぐさ精神分析』がまさにそうで、「フロイトはだいたいこんなこと言っているんだよ」というフロイト思想の見取り図を教えてくれた。岸田秀が本当にえらかったかは議論があるだろうし、その後学歴詐称（というべきか）が明らかになって消えてしまったが、「要するにこういうことだよ」と説明してくれるのは非常にありがたかった。

岸田秀といえば、彼が伊丹十三とやっていた『モノンクル』という雑誌も、ロラン・バルトの思想を漫画家のますむらひろしが解説していたり、蓮實重彦や栗本慎一郎といった現代思想につながるような人たちが非常にわかりやすく思想や文学を紹介したりしていて、当時はとても勉強になった。

入門書を読むと、難解な本に対しても「この部分の議論をむずかしく言っているだけだな」と俯瞰《ふかん》して見られるようになる。気負って思想書の原典を読もうとする人も多いけれど、原典でないと達成できない読書の目的がないのだったら、世の中の人はもっと気軽に入門書や概説書に頼っていい。

いい加減でもいいから、気負わずに読むことが大事なのだ。

読書の意義

読書の意義とは何ですか、なんて聞かれることがある。この質問に対して、ぼくは面白みのない回答をすることが多い。

人があらかじめ調べてくれた知識を、自分で調べられるようになること——読書は所詮《しょせん》、これくらいの営みでしかないと思うのだ。文学から政治経済、ITや思想までいろいろな本を読んでいるが、教養としての読書を意識することはあまりない。興味があるから読むだけである。

最近、大学1年生がやるマセマの微分積分の問題集を一生懸命解いている（その後、終わったぜ！）。なぜそんなことをしているか。ぼくは大学1年のとき、数学の微分積分が苦手で、かなりいい加減にやって、試験の過去問を暗記してなんとかパスしたくらいだったからだ。でも、いつかきちんとやんなきゃと思って参考書や教科書は棚に残したり買い直したりして……でも放置してあった。が、甥《おい》っ子が大学でいまいちわからんと言っていたので、なんかいい本はないかと思って、マセマの問題集を買って自分でもちょっと解き始めたら、案外簡単に解ける。なんだ、この程度のことでよかったのか！

今にして思うと、大学時代の敗因は大学数学を受験数学とまったくちがうものと思い込んでいたこと。先生からも「大学の数学は今までとちがう。受験数学のような小手先のテクニックではなく、高尚な数学の本質まで追求するのだ」などと言われていた。教科書は高木貞治の『解析概論』。

もちろん数学者にしてみれば、高木『解析概論』はいい本なんだろう。黒木玄さんも大プッシュしている。が、あれをいきなり読まされたことで、なんだか微積を必要以上にむずかしく考えねばと思ってしまったのも一面の事実だとは思う。$\tan^{-1}x$を微分すると$1/(x^2+1)$だ、なんてのはその場で本質をどんなに深く考えたところでわからないのだ（わかるのかもしれないけれど、導けと言われてもぼくはできない）。が、それを知らないと問題は解けない。本質、というのがなんであれ、それだけわかったってしょうがない、問題解けてなんぼだろ。

かの偉大な物理学者リチャード・ファインマンも、微分や積分ができないという学生の悩み相談で、とにかく毎日問題解け、それから暗記カード作って覚えろ、とどこかに書いていた。『ファインマン流 物理がわかるコツ』だったかな？ 当時は、暗記カードで何を覚えるのかピンとこなかったけれど、つまりはさっきの微分の公式みたいなのがすぐ出てくるようにしろ、ということだ。受験数学のやり方でよかったのだ。

大学の解析学でみんながまず死ぬε－δ論法も、数学の本質が～と聞かされていたので「存在するとはどういうことか」なんていう哲学的なことを考えろということか、と思ってつまずいていた。でも実際に問題をやれば「存在するのを示すというのは、要するに『この数なら絶対オッケーだろ』というのを求めろってことね」というのが見えてくる。それが、まあ本質のようなもんだ。それがわかってくる。

たぶんこれを読んで、ちゃんと脱落せずに普通にA取って進級できてた連中は「あたりまえだろう、山形はバカか」と思っているだろう（いやたぶん疑問形にすらしないだろう）。すいませんねえ。が、ぼくは結構そんなところでつまずいていたのだ。

これは数学に限らない。剣道をやっていると、日本剣道型、というのを昇段試験で覚えさせられる。確かにいろいろ動きを洗練《せんれん》させて、無駄をそぎ落とすと、何かある種の型やパターン、つまりは本質にたどりつくのかもしれない。でも、だからといってその型だけ覚えればそれでいい、ということにはならない。その型にたどりつくプロセスも重要なのだ。自分に合うようにその呼吸……じゃなくて型を変えて、ヒノカミ神楽でも恋でもヘビでも、自分の型にしなきゃいけない。同時にある種の真理や本質がどこかにあるはずだ、と思ってそれだけにらんでいても、なかなかそんなものは出てこない。逆に、実際にやってみる、あるいは何か具体的な自分の行動と結び付けて「これを使って何をしよう」と考えてみたほうが、ものごとの構造は理解しやすい。それができてやっと、「本質」とかいう話もできる。

本を読むときも同じで、自分がその知識をどう使うのか、「これを知ってどうするのか」という意識を持ちながら読む。抽象を抽象にとどめず、自分の具体に少しでも落とす。それが必要だと思う。「読書の意義」なんていうとむずかしく考えがちだが、微積の問題集もむずかしい哲学書も本質的には変わらない。誰かが自分の代わりに考えてくれたことを学んでいるのだから。

もちろん読書で得た知識を本当に使えるかどうかは、また別の話。まずは人が調べたり考えたりしたことを教えてもらうだけでいい。あと、使い道は後から見えることも多い。知らないものは、使い方もわからない。ぼくにとって読書の意義とはこれくらいのものだし、それでいいと思っている。もっとも、本を読まないのに「読書の意義とは何か」と聞いてくる人には、「とりあえず本を読め、おもしろいから。読書の意義は読んだ後で考えればいい」と言いたくなる。

本の読み方

毎日何ページ読むとか、毎月何冊読むとか、あるいはどういうジャンルを読もうとか、そういうことを考えて本を読むことはほとんどない。ただ読むべきもの、読みたいものを読んでいる。

昔から、世の中で名著と言われているけど実はみんな読んでない本を読んでみるというのが趣味ではある。それで最近ふと思い立って、中野訳のギボン『ローマ帝国衰亡史』を一生懸命読んでいる。多くの人は名作だとか翻訳がすばらしいとか言って褒めるけど、読んでみた感想としては、真面目な歴史の勉強というよりは歴史文学で、その書きぶりとある種の道徳的な君主論や統治論が主眼だ。だいたいは、強力な武闘派の皇帝や民族がのしあがり、それが次第に安定するにつれて、文化芸術は華やかになるけれど、文明は活力を失い、軟弱になり、再生産も衰え、そしてやがて次の蛮族に倒される——その連続。その意味で、中国の各種史書と同じですな。原文は当時の格調高い英語の見本で、翻訳も立派だが、前半の中野好夫訳と後半の息子さんの中野好之訳でいいの悪いのとアマゾンレビューなどで論評されているけれど、あんまり変わらない。というより、そこまで翻訳で変わる文ではないと思う。真ん中あたりで助っ人に入っている朱牟田夏雄の訳をもっとほめてもいいのでは……。

その間にも「資本主義はやっぱりすばらしいぜ」と主張する通俗経済書を読んだり、訳しているプーチンに関する本を読んでみたり、ウラジーミル・ソローキンの小説を読んでみたり、アントニー・バージェスによるジェイムズ・ジョイスの解説書を訳したり、プログラミングの基礎の本を一生懸命やったりしている。脈絡なし。すでに述べた通り、個人的には雑食が身上。変なところに関係を見つけるのが自分の強みだと思っている。父親にも「おまえはウロウロするしか能がない」と言われたっけ。でも脈絡のなさそうなところに、思ってもみない脈絡を見つけるんだから、事前の脈絡はあまり考えない。

さっき言った通り、最初から最後まで通して精読するわけじゃない。それこそ最初か最後だけ読んで、面白そうだったらそのまま読んだり、つまみ食いするように読んだりするものもある。最初から最後まできちんと精読しなきゃいけないと感じる本は年に1、2冊ぐらいだ。「それってどうなの?」と思う人もいるかもしれないが、自分はそれでいいと思っている。読むハードルが下がるし、読みたい時に読める。深く読む一方でネタを探すのも読書の重要な役割だ。

本を読まないでいる期間が長いと、そうしたネタへの感度も落ちてくるようだ。大学時代に半年くらい、量より質だと思った時期があったが、面白味に欠ける時期だったと思う。

そして1つのテーマなり作家なりについて、今まで溜めてきた宿題を片付けようかと思う時がある。今読んでいる『ローマ帝国衰亡史』はまさにそれだ。これまで、なぜか敬遠してずっと寝かしてあったジャンルや作家について、とりあえず片端から読もうというやる気が出てくる時期が来るのだ。なんだか、自分がそれに取り組むだけの下準備ができたな、とふと思うのだ。

一通り読み終えれば、自分にとっては一区切りつく。もちろん、どの作家も完全に把握できているわけではない。全部わかったわけでもない。ただいまの段階の自分としては見切った。たぶんいつか「やっぱりあれは別の側面があるな」と思い当たることもあるんだろう。が、その「いつか」は何十年も先だろうし、何十年先にそもそもこの自分がいるかどうか。

それは小説に限った話じゃない。たとえばプーチンについて知りたいなら、まずプーチンについて書かれた本にどんなものがあるかを調べてみる。そしてまず一番薄いものにざっと目を通して、大体こんなことをした人なんだ、と見取り図を頭に入れる。次に一番分厚い本を読んで、それぞれのトピックを一通り詳しく見てみる。こうすると、その後に読むプーチン本のポイントは、薄い本で得た概略のおかげである程度は見当がつく。そしてその分厚い本でいろいろ細かいネタは知っているから、いま読んでいる本がそこからどういうストーリーを選んだのか、それは何を考えてのことなのかがわかり、その著者が何をしたいのかが見えてくる。「この本はこういう方向性であのテーマを攻めたいんだな」とか、「この辺のネタは都合悪いからネグってるな」という要領だ。こうして読み進めていくと、その分野の土地勘みたいのができてくる。プーチンのドレスデン駐在時代のエピソードを細かく読む必要もない。

こういう「手抜き」ができるということが、少なくとも自分の眼力の範囲でそのジャンルを理解したということだ。ここまでくると、誰がどういう意図でものを書いているのかまでなんとなくわかってくる。そういう見取り図が得られたら、もうそこはしばらく触れる必要もない。

関心のあるものを読み、今度はちょっと義務感にかられたものに手をつける。ぼくの読書習慣はこの繰り返しだ。

ただしその糸口を保つためには、読みかけ、やりかけのものをいろいろ持っておかねばならない。蔵書は増える。いわゆる積《つ》ん読《どく》というやつだ。

積ん読について

2024年の夏頃に、なぜだかツイッターのタイムラインに積ん読がらみのツイートが流れてきた。何かビジネス系のサイトに、積ん読は機会費用だかその空間の賃料だかの損失であるというような、くだらないコラムが出たことへのリアクションらしい。そしてそれに対し、積ん読擁護《ようご》のツイートや写真がたくさん登場した。果ては積ん読はある種の豊かさであり、可能性の蓄積であり、読む必要などないのだ、積ん読こそが読書の真髄みたいな話もいろいろ見られた。ウンベルト・エーコもなんかそんなことを言っている。

言いたいことはわかる。そしてぼくもかなりの積ん読をしているので、それに同意したい気持ちは十分にある。あるのだが……。

一方でぼくは、そうした積ん読擁護発言に見られる、だらしない自己満足と怠惰《たいだ》と腐敗臭があまり好きではない。そうした本をためこんでいる自分に自己陶酔している様子は、ぼくは醜悪だと思う。そうした本棚、床にうずたかく積まれた本の山を見ると、おそらくそのほとんどが実際に読まれることはないだろう、というのが想像できる。ぼくは、そうした本たちがかわいそうだと思う。

もちろん積ん読にもいろいろな流派がある。ある種の物理的なフェティッシュとして本を貯め込む人もいる。ナントカ社のこのすばらしい造本が〜、天金がたまりませんな、この革装の肌触りが、たまに脂を塗って手入れをしませんと〜、フランス装のページをペーパーナイフで切り裂きつつ開く味わいが〜、というのはわかる。そういう楽しみは微笑《ほほえ》ましいし、そこには少なくともその本を実際に手に取る歓《よろこ》びがある。

そしてまた、自分がすでに読んだ大量の本に囲まれ、その余韻の織りなす交響曲に耽溺《たんでき》して暮らす人もいるんだろう。それはとても美しい世界ではある。それは本当に、その本が作る知的世界の縮図みたいなものがそこに作り上げられたものだ。ただそれはまあ蔵書が多いだけで積ん読ではないだろう。

が、多くの人の積ん読は、買ったまま読まない、という話だ。そうした人々は自分がほとんど／まったく読んでいない本に囲まれている。積ん読のほとんどは、開かれてすらいない。

以前、『NW－SF』や『トーキングヘッズ』の月例読書会などにときどき来ていた人（ありがちな名前だった。吉田だったかな？）が、ひたすら本を買うだけの人だった。ディック『ヴァリス』の大瀧訳が出て、その巻末解説に出てくるユングが〜、ヘラクレイトスが〜、唯識派の龍樹が〜、みたいなのにみんな幻惑されていた時期だったが、彼はなんか目新しい名前が出てくると「ヘラクレイトス、すごいですね、全集買っちゃいましたよ」「高かったけど大乗仏教全集買っちゃいましたよ」と何でもひたすら買いまくる。みんな、うざいと思いつつ、流していたんだが、あるとき牧眞司が見かねて忠告した。

「あのね吉田君、買うのはいいんだけどそれだけじゃダメで、読んで何が書いてあるのか見ないと意味がないでしょう」

いやその通りだよな、とは思った。その吉田君がその後どうしたのかは覚えていない。

でもぼくが積ん読について後ろめたさを抱くようになったのは、それが契機だったようにも思う。それ以来（でもないか、昔からずっとか）、自分の本棚の本たちが「おいてめー、買うだけじゃダメなんだろ、いつになったらオレを読むんだよ」と（牧眞司の声で）少し恨《うら》みがましくこっちを責めているのが感じられて、本棚の前を通るたびに、すみませんすみません、と少し罪悪感にとらわれるようになった。ぼくにとって、積ん読というのはそういう後ろめたいものでもある。一種の借金の督促状みたいなもの、と言おうか。取りたてにきたり差し押さえにきたりすることはないけれど、それでも心の負担ではある。

だからツイッターなどで大量の積ん読を誇示したがる人を見ると、つい思ってしまう。あなたたちに良心はないでございますか！　本棚で腐ってゆく本の皆様に申し訳ないとは思いませんのか！　自分の借金曝《さら》して何威張ってるんだ！　そこまでいかなくても、あまり自慢することではないと思うんだよね。むろんツイッターの積ん読自慢は、ほとんどがある種の自虐《じぎゃく》ネタなのはわかるんだが。

ぼくは基本的には、本はその書かれた中身に価値があるのであり、読んでなんぼと思っている。したがって、積ん読は、それをいずれ必ず読むという保証や誓いの信頼度に応じた価値しかない。椎名誠は、かつてあの『本の雑誌』とＪＩＣＣ出版の各種シリーズで旋《せん》風《ぷう》を巻き起こしたいちばん面白かった頃、『文藝春秋』のあらゆる活字を（広告も含め）読む、とかわけのわからないことをやっていた。でもぼくはそうしてあげたい気持ちがわかる。すべての印刷物は、いつか、どこかの誰かに読まれるだろうという期待をこめて作られている。その期待に応えてあげなくては。

それを放棄し、本の期待を踏みにじる積ん読というのは、ぼくは本に対する裏切りだとすら思う。それは死蔵であり、死蔵された本はまさに死んでいる。本を殺してはいけません。ケインズは『一般理論』で、経済の各地に死蔵されている「積み立て金」とか「準備金」とかいう名目のお金について難色を述べている。そこにお金が淀《よど》むから経済がまわらなくなり、それが不景気=失業の大きな原因だというわけだ。本の流通においても同じこと。死蔵してはならない。読んで、その中身を流通させねばならない。読むことができないなら、その本は物理的に流通させねばならない。本や知識で不景気や失業に相当するのが何なのかはよくわからないけれど（たぶん一部の知のタコツボ化かな）、それが本の、ひいては知の活性化ということなのだ。

本の敷居の高さと期待効用

もちろん、そうは言いつつぼくも未読の本が大量にある。そのどれも、買う時点では、いつか読むつもりではいる。絶対とは言わないが、70％くらいの尤度《ゆうど》（↑かって黒木掲示板で読み方と意味を教わった）で読むつもりはある。だいたい、その「つもり」時点では、その本に対してかなりの夢と期待を持っている。

もちろん大げさな期待のない本も多い。実用書みたいに、期待される効用が非常に限定的なものもある。だがそうした本は、あまり積ん読対象にはならないと思う。エクセルのピボットテーブルうまく使いたいよとか、CSSで自分のウェブページもっとカッコよくしたいよとか、カルボナーラうまく作りたいよとか。すぐ読んで、すぐ使って、それでおしまいだ。そうした本は、自分の目的が果たされれば処分するのも大したためらいはない。

おそらく積ん読されるのは、期待が大きい本となる。

物理学入門の名著として知られるガモフ『不思議の国のトムキンス』では、一介の冴《さ》えないリーマンであるトムキンス氏は、相対性理論を理解している人なんか10人もいないと言われているのを見て、これを読めばオレが11人目になれるかもしれんぞ、とムシのいい期待をして、相対性理論入門を読み始め、ちんぷんかんぷんで寝てしまい、不思議の国にやってくる。

彼は少なくとも本を開き、寝るまで読んだ。えらい。でも普通の人は、パッと最初のページを見て、あ、少し手強《てごわ》そうだと思ったら寝かせてしまい、ずっと積ん読になる。でも、これを読めば相対性理論わかるようになるかも、という希望だけは残る。そんな希望がずっと積み上がったのが積ん読だ。

多くの本はそうだ。これを読むことで、すごい世界が広がるはずだと思う。信じられないような壮大な小説世界がそこにあるのでは、世界観が一変するようなすごい理論があるのでは、まったくちがう視点が開けるのでは。人はそういう期待をもって、本を買う。買うんだが……。

そういう期待が大きくなるほど、ちょっと気合いを入れて読まなくてはならない気になる。特に、最初のあたりを見て、なにやら小難しそうだった場合にはなおさらだ。

これは、必要な背景知識という部分もある。『不思議の国のトムキンス』を高校時代に読んで、ハミルトニアンってのが何なのかわからずに首を傾《かし》げたっけ（実はいまだにあそこでなぜハミルトニアンが出てきたのかわかっていない。なんか波動化して広がったものを粒子に収束させるような話だっけ）。マルクス読むなら、マルクスの何たるかについて勉強し、その理論の概略を把握し、さらに『資本論』の見所について予習してからでないと、読んではいけないんじゃないか、という気持ちになる。

だがそれだけではない。でかいものに取り組むには腰を据える必要がある。腰を据えるにはそれなりの心身のエネルギーがいる。その敷居の高さもあるのだ。

この本の敷居の高さという感覚は、ぼくだけではないと思う。初めてシェイクスピアを読もうとか、フロイト読もうとか、フーコー読もうとか、そういうときにはかなり身構えてしまうのは人情だ。これに取り組むのは一大事業だろう、だから今度、体力のあるときにやろうとか、拾い読みするわけにはいかないから、まとまった時間の取れるときに取り組もうとか、寝っ転がって読むのはちょっと失礼かな、といった気分になる。もっと余裕をもって準備のあるときに読んだ方がいいだろうと思って……そのまま積ん読になる。

これをモデル化することもできるのかもしれない。その本の期待効用と、本を読むためのコスト（これはその本を理解するときに必要そうな背景知識、その著者の書きぶり、出てくる用語の難解さ、その本の厚さで説明できそうだ）、それといま述べた、期待効用の高さに比例する敷居の高さ、本を享受《きょうじゅ》するために要求される（と思われる）「気合い」だ。

そしてその期待効用というのも様々だ。トムキンス氏は、相対性理論を理解したいと思った。最近ぼくは、いろんな作家の本を積ん読から解放したけれど、それらを積ん読にしたときの気持ちは覚えている。カルロス・フエンテスは、ラテンアメリカ文学の中でスマートで知的な部分の筆頭だった。バルガス＝ジョサは重量級のパワー作家で、その作品はすごい小説世界を現出させるはずだった。トマス・ピンチョンはアメリカ現代文学に屹立《きつりつ》する巨匠で、それを読むことで現代世界そのものへの見方すら変わるのではと思っていた。トロツキーは社会主義の本来あり得たはずの未来を示す存在であるはずだったし、サミュエル・ディレーニは、ジュディス・メリル『SFに何ができるか』で絶賛された、スペースオペラと文学の合体が生み出す新しい可能性の旗手だった。ウィリアム・ギブスンは『ニューロマンサー』で見せてくれた、新しいインターネットのサイバー世界に対する透徹したビジョンを今後も示し続けてくれる、SFを超えたビジョナリーのはずだった。

もちろん、他の教科書のたぐいも同様だ。解析学や線形代数や解析力学の教科書は、ぼくが大学でサボったけれどやればできたはずの、正統理系への入り口だ。ほかのいろんな教科書のたぐいもそうだ。錬金術の本が本棚にたくさんあったのは、それこそパラケルスやなんやらの得たいの知れないものに、普通の人の知らないすごい世界があるんじゃないかと思っていたからだ（読んでみたらなかった。自己啓発セミナーのインチキ教材まがいだった)。そしてその人たちやそうした分野の本が本棚に揃っているということは、つまりそういうめくるめく世界が自分の本棚、すぐ手の届くはずのところにある、ということだった。

いつか読む。いつかこれだけの世界をモノにしてやる。そう思ったし、本棚を見るたびに、その本たちが「おう、待ってるぜ」と言ってくれて、それに力づけられる——それが積ん読の効用ではあった。

しかし。

いつか、それが破綻するときがやってくる。

読まない本の危険性：積ん読の有毒性について

それは、もはや積ん読の本を絶対にすべて読み切ることはあり得ないと悟ったあたりから始まる。そのとき、買った時の「いつか読むぞ!」という決意が腐り始めるのだ。20代、30代なら、風呂敷広げて、あれもやるぞ、これもやるぞと意気込んで積ん読するのもご愛敬だ。いつか、読む——それは決して空約束ではない。本当に読むこともあるだろう。それは本当の意味でのオプションだ。そしてオプション理論では、オプションはなるべく先送りするのがいいことになる。

だが、それは時間が無限にあるときだ。自分の時間が無限にはない場合、最後まで行使せずに持っていることに意味はない。価値があると思っているそのオプションには、実は何の価値もないのだ。それを行使できる時間＝可能性の減少にともなって、その選択肢の価値はどんどん下がるのだ。死ぬ間際、何千冊もの積ん読にあったはずの、選択肢だの広がる妄想世界だのはすべてなくなっている。

そして、それは別に市場か価格にあわせて変動するものではない。その保有者の寿命からくる制約だ。積ん読している人々は、自分がそれを読むことはなく、そのオプションを行使することがないのをほぼ知っている。そうなったらもはやその積ん読は、何の意味もない無価値なものだ。

なんかそれを、ライフサイクル理論みたいなものに仕立てることもできるんだろうね。それをあわせて積ん読の統合モデルを作れば……だがまあそれにあまり意味があるわけでもないだろう。

そうした無価値の山と化した積ん読を放置しているのは、その人の怠慢であり、未練でしかない。そしてそれを「読まなくったっていいんだ」とうそぶくのはごまかしであり、まして「読まない本にこそ価値がある」などと言ってみせるのは倒錯だ。それを放置すればするほど、精神は淀み、知は腐敗する。可能性だったはずのものが、もう単なる言い訳になり果てるのだ。

自分が目を向けられずにいる己の失敗やまちがい、自分のかつての浅はかさ、そして何より、自分の怠慢と先送り。やると言ってやらなかった数々の小さな積み重ね。果たせなかった約束の数々。できもしないことを、できる、やると大見得切ってしまった恥ずかしさ。もう読むことはないと自分でもわかっている積ん読には、そのすべてが淀んでいる。そうした無数の無責任、不義理。かつてのプライド。

そしてそれをごまかすときの、自分が使う弁解や逃げ口上も、みんなよくわかっているはずだ。そういう怠慢や約束不履行を指摘されたとき、人は「いや準備はしてる、仕掛かりだよ、いったん取りかかれば早いんだ」なんて言い訳をする。でも往々にして、準備なんか何もしていない。エンピツ削っただけだったりする。それはみなさんも身に覚えがあるはずだ。積ん読もそんなものではある。ぼくも本を買って、なんかやったような気になることは多い——けどそれは実は何もしてないのだ。積ん読は、そういう逃避、怠慢、言い逃れの山だ。積ん読歴の長い人ほど、なんか本を買って、それだけで安心してしまっている面があるとぼくは思う。でもいつか、その安心を見直さねばならない。読まないことに安住する不健全さに自ら気がつかなければならない。

まさにそれを描いた本さえある。エリアス・カネッティ『眩暈《めまい》』という小説だ。ウィキペディアを見ると、学者が女中を奥さんにしちゃったばかりに破滅する話と紹介されているけれど、まったくそんな話ではない。これは積ん読の淀みがもたらす、狂気と死の話だ。主人公の学者は、妻の画策をよそに、己の蔵書を必死で守るべく暗躍するようになり、最後は炎上する蔵書の中で死ぬ。彼は蔵書に殺されるのだ。積ん読が彼を殺す。それはたぶん、他人事ではないのだ。

積ん読の時代変化

ついでながら、時代が変わって積ん読の意味も変わってきた。かつて本は、あるだけで貴かった。ウンベルト・エーコ『薔薇《ばら》の名前』ではないけれど、伝説の本を求めてあちこち旅するなどというのが現実味を持った時代があった。そういう時代には、そうした本をとにかくためこんでおくことに価値がある。

いまも、そういう本がないわけではない。けれどグーテンベルクさんと紙の量産のおかげで、それはもはや稀《まれ》だ。本は完全な量産品でしかない。相当部分はいつでもどこでも手に入る。

本屋で見かけた本を、その場で買っておかないと、次にいつどこで会えるかわからない——そういう時代もあった。古本屋はいまもそうだ。かつては、書店や古本屋に行くまでは、どんな本があるかはまったくわからなかった。そして、そこにあるものを逃せば、次にどこでお目にかかれることやら。その場合なら、とにかくその場で買って積ん読しておく意味もあっただろう。でもいまは、古本すら以前よりずっと探しやすい。完全ではないよ。でもたいがいの本は、すぐに探せるし、だいたい見つかる。

また20世紀末までは、洋書を買うのは至難の業だった。かつては、丸善の棚にやってきた洋書を買い占めるだけでその分野の専門家ヅラをすることができたそうだ。その分野の洋書をたくさん持っているのは、学者の身上だったし、そのコレクションはそれ自体価値があっただろう。でもいまはちがう。そんなコレクションも価値はない。ケインズ『一般理論』の原著初版を持ってまーす、というのは、いまも少し自慢になるだろう（ぼく、持ってます。へっへっへ）。でもロールズ『正義論』の初版だぜー、というのはあまり自慢になりそうもない。もうほんとうの鉛の活字ではない時代には、初版をありがたがること自体に大した意味はないのだし。サインでも入っていればねえ。

昔はえらい作家さんが、マレー沖海戦の本が書きたいと馴染みの古本屋に言えば、「御意」とばかりに資料を揃えてくれたそうな。かつてはそうした資料の調査収集能力が重要だった。それがなければ、自分でとにかく資料を手元におくしかなかった。いまも、そういう面はある。が、かつてほどではない。先日、創価学会についての本を訳したけれど、そこで参照されている内部の会誌も、自分で調べて入手できてしまった（高かったけどな）。一部の本は稀覯本《きこうぼん》としての価値はあるだろう。ぼくの手元にある本でも、バロウズの変なアングラ出版の数々や、黒船ペリーの東洋／日本航海の議会報告書はそれなりに価値があるだろう。が、そのくらいだ。ナントカ先生の遺した蔵書を~みたいなのには、以前と比べれば価値はずっと低いだろう。そういう意味でも、本をためこむ意味というのは、時代とともにかなり低下しているはずなのだ。

積ん読の解消

ではその積ん読をどうすればいいんだろうか。
もちろん投げ出す手はある。オレは量子力学は一般解説書以上の話には絶対いかない、すまん、もうこの分野はあきらめる、と踏ん切りをつけたら、その分野は損切りすればいい。本棚にあった五冊の量子力学入門の本は、ごめんなさいと言いつつ損金算入できる（しました）。それはそれで大事なことだ。古本屋に放流すれば、その本はどこかでそれを有効利用する人に出会えるかもしれない。それは本にとって本望だろう。

そしてもう一つの当然の解消法は、有無を言わさずだまって（騒いでもいいが）読むということだ。予備知識なんかどうでもいい。敷居なんか蹴倒せ。取り出して、開いて、読もう。流し読みでもいい。拾い読みでもいい。まずは読もう。本書でも前に述べたように、最初と最後だけ読もう。なんか噂に聞いたところだけ読もう。それで予備知識が要るなーと思ったら、そのときに調べなさい。それでいいのだ。読まない本よりは、流し読みでも読んだ本のほうが読者にとっては価値があるのだ。期待していたすごい壮大な世界がそこに本当にあるのか、確かめようじゃないか。

そして……たいがいは、思ったほどではない、ということになる。

考えてみれば、あたりまえのことではある。トロツキーにほんとうに真の社会主義が進むべき道が示されていたんなら、どっかにマシな社会主義国ができてそうなものだ。自分より頭のいい人はたくさんいるんだから、そういう人たちがとっくに気がついて何かしていただろう。少なくとも、凡夫たる自分が誰も気がつかなかったまったく新しい可能性を読み取るなんてことは……ねーよな。

それどころか実際に読むと、トロツキーはスターリンの罵倒を繰り返すだけで、大したこと言ってないし、とにかくレーニンが正しかったという教条主義しかないじゃん。そういうことがだんだん見えてくる。

そして一冊それをやると積ん読のハードルが下がる。その著者や分野への期待効用が大きく下がる一方で、読むコストもそれ以上に下がる。だいたいこの人／分野は、こういう攻め方でこんなことを言いたがる、というのが見えると、その人の次の本に取り組むのに求められる気合いが大幅に低下する。あとはもう、スルスル読めてしまう。そのうち、その手の内もだいたい見えてしまう。

それはつまり幻滅だ。なんかそこに、すごい世界が広がっているのではとずっと夢想していたら、実際に見てみるとショボい。バルガス＝ジョサ『緑の家』の最後と同じ。華やかな売春宿だったはずの緑の家は、荒れたボロ家なのだ。それはそれでつらいことではある。知りたくなかった真実というものもあるだろう。さらに勝手に期待して勝手に幻滅して、おめーがバカなだけじゃねーか、と言われればそれまで。が、己の思いこみとバカさ加減を悟るのも、それはそれで賢くなったということでもあるのだ。

そんなふうにして、ここ10年くらいでぼくはいろんな作家や分野を見切ってきた。トマス・ピンチョンは、現代世界の猥雑《わいざつ》さをそのまま描き出すすごい作家だと思っていたけれど、なんか整理できずに思わせぶりなネタを並べるだけで無内容だよね。フエンテスもメキシコの金持ちエリートが、血みどろの土着世界にからめとられたいというのを反近代的な妄想にまぶしてるのばっかだよね。ディレーニも、どの作品も自分の賢さをひけらかしたいだけという面がかなり強かった。あの作家も、この作家も。こういう話については、ぼくのブログでいろいろ書いているので、興味があればそっちを読んでほしい。

それは必ずしも、「もうダメ」「こいつはクズだった」という話ではない。多くの作家は、見切ったと思っても手元に残すものはある。フエンテスは見切ったけれど、彼の『アウラ』はすばらしい作品だ。彼は自分が知的に細部まで構築できる短編や中編ではものすごい力を見せる。ディレーニという作家は見限っても、『エンパイア・スター』と『時は準宝石の螺旋のように』は保存してある。彼の『アインシュタイン交点』も、いまの見立てでは賢《さか》しらでいやな作品だけれど、もう少し何かあるかもしれない。いずれ読み返すこともあるだろう。その作家が輝きを見せる作品はあるのだ。ただ、その人の作品全体が作り出す世界に対し、幻想を持つのはやめたということだ。

それはその本や作家にとってもいいことではある。かつてナイン・インチ・ネイルズのトレント・レズナーが、ロックの未来を担うのはこいつだ、みたいに一時言われてすごくきつかった、とインタビューで語っていた。あんまり勝手な思いこみで変な期待をかけちゃいけない。

そしてその幻想が消えたら、積ん読の役割は終わる。もう本棚のそのスペースは、何か未だ見ぬ世界をあらわすものではなくなる。その作家が何をしたいのかが見えたら、もうすべて持っておく必要もない。

それが読んですぐ起こるとは限らない。最初の期待に包まれて読みふけった作家たちがいる。片岡義男や村上龍、ドナルド・バーセルミがそうだった。片岡義男は、かつて「きまぐれ飛行船」を聞いていた頃の旬な作品、村上龍なら『愛と幻想のファシズム』の頃の絶頂期、バーセルミは『罪深き愉しみ』あたりまでの知的なユーモアと洗練。それがあったからこそ、その後の作品も本棚にずっと残してあった。でもその夢想があるとき消える。それは片岡義男なら、なにやらおっさん作家が女子を集めてあれこれ話を聞くだけの変な小説を読んでがっかりしたのがきっかけだし、村上龍は近作のろくでもなさ、バーセルミも同様だ。そうなれば、いちばん優れた＝自分にとって意義深い作品だけを残して始末できる。積ん読はそれで消える。

当然、ぼくが感じたその作家や分野についての評価がすべてではないだろう。評論家の岡和田晃はツイートで、ぼくのディレーニ評について、言語道断だと述べていた。さらにせっかくふくらんだ幻想を潰すのは残酷なのかもしれない。広言せず、胸の中にしまっておくほうが優しいのかも。ぼくのメガネちがいもあるだろう。かつてジュディス・メリルが『SFに何ができるか』のディレーニ絶賛でやってくれたように、まったくちがう見方を示し取り組んでくれるなら歓迎だし、お手並み拝見ではある。ただ、自分なりのケリはどこか必須なのだ。

余談：山野浩一のことなど

岡和田晃が出てきたところで……ぼくは山野浩一についても、ある時点で見切ってしまったところはある。

ぼくは自分が『NW－SF』の衣鉢《いはつ》を多少なりとも継ぐ人間だという自負がある。もちろん、かつての関係者は山田和子を筆頭に、『SF論叢』系の人々などいまもたくさんいる。ぼくはその中で決して大きな存在などではない。最後あたりにちょろっとやってきた小僧でしかないのだけれど。それでも、『NW-SF』を続けていた山野浩一に対しては、大いに敬意を抱いている。

だから岡和田が山野浩一を評価して、彼の小説を2024年になって復刊させたりしているのは、とてもありがたいとは思う。思う一方で……本当に申し訳ないんだが、そうする価値があるのか、というのはどうしても思ってしまうのだ。

山野浩一の小説は、正直いってどれも大傑作ではない。書きぶりの華やかさもない。テーマもすべて同じ。全共闘時代の挫折と、自分の様々な意味での身の置き所に対する不安を、SF的な設定に基づいて不条理小説の流れにのせたもので、あの時代だけのものであり、そしてあの時代の人々にだけ響く小説だろう。彼の批評眼はきわめて高かった。が、評論はいささか硬直していたと思う。ハイテク資本主義を無邪気に喜んでいたアメリカの主流SFに対する、左派的な異議申し立てとオルタナティブな視点。岡和田晃がそれに喜んでみせるのも無理はない。そしてそれを懐古的に振り返るのは、決して無意味ではないんだろう。でも……そんなすごい意味があるとも思わないのだ。

ごめんなさい、本当にごめんなさい、あなたの小説や評論がいまもすさまじい価値を持って時代を超えるのだ、と胸を張って言いたいのはやまやまなんだけれど。でもやはり山野浩一の作品は、すべて時代に囚われた作品だと思う。

彼の『花と機械とゲシタルト』を、岡和田は「時代を超える強度を持った作品」と評する。ぼくはそうは思わない。2024年に再刊されたこの小説につけられた岡和田の「解説」は、表面的な題材にとらわれ、的を外していると思う。というのも、あの作品の最も明らかな主題を読み取れていないか、故意に無視しているからだ。

あれは、彼が自分の作り上げた世界（しかも精神病院／サナトリウム！）を懐かしく、だがある種の後悔をこめて厳しく振り返る小説だ。主流派からはつまはじきにされつつも独自理論の世界を形成しているというその（反）精神病院は、かなり露骨に彼のSF活動の比《ひ》喩《ゆ》ではあり、登場人物の一部は誰がモデルかもなんとなく見える（それについては山野浩一が巻末で少し弁解している）。

日本のSF業界も狭い世界ではある。山野はデビューしてからニューウェーブSFへの傾倒と政治的な指向と、その他個人的な軋轢《あつれき》もいろいろあって、日本のSF本流からは冷遇されていた。ここらへんは『花と機械とゲシタルト』解説で少し触れられているが、一方で岡和田を含む『週刊読書人』の2017年8月のオンライン追悼座談会ではその事情が矮小《わいしょう》化されていて、当時の日本SF業界史を肯定的に改変したい意図が露骨に見える。でも山野浩一の扱いはかなりひどかったし、『NW－SF』創刊自体がそれに対する反発でもある。

彼が顧問となったサンリオSF文庫は、出た当初は誤訳だらけとか表紙のデザインが画一的でダメとか、ありとあらゆる罵倒を受けていた。コスト削減で実際にかなり厳しい部分があった点もさることながら、シマを荒らされた既存業界のさや当てと同時に、山野浩一へのあてつけも大きかったと思う。山野浩一はそれについて（特に当時は）決して快くは思っていなかった。

『花と機械とゲシタルト』は、その遺恨の小説化でもあるのだ。岡和田はその「解説」でこの本を「戦後文学あるいはSFにおける最大の謎」と呼ぶ。「中身が批評としてろくに掘り下げられないまま、四十年以上の歳月が経過してきた」と。でもそれは謎でもなんでもない。まず、この小説も佳作ながら決して天下の大傑作ではない、という厳然たる事実がある。だがそれと同時に、この小説について何か言おうとしたら、これまでの山野浩一への冷遇にも目を向けざるを得ない。この小説を批評できる立場の多くの人はその当事者でもあり、あまり気乗りしなかった。「解説」で紹介されている書評の口ごもった感じも、そのせいだ。それだけの話なのだ。

その反精神病院では、患者が全員、自分を外部の「我」という人形に丸投げすることで自分自身から逃げている。それはある種の自由をもたらしつつも、結局は閉鎖された共同幻想を生み出し、全員がそれに囚われて死に、その世界は失敗として忘れ去られてしまう。それは彼の、自分のSF活動に対する苦い評価でもあったと思う。それを山野浩一は彼なりに精一杯に悲しく描き出す（山野浩一は、人間の内面や感情描写はしない／できない人だったけれど、それでも精一杯に）。そのサナトリウムにちょっとだけ触れた人間としては、まさにそのために読むのがつらく悲しい小説ではある。

そして、いろんな意味で最も悲しいのは、最後の1行だ。山野浩一はそこにこう書かずにはいられなかったのだ。


しかし、ここに生活した彼や彼女たちがいかに幸福であったかを述べた博士の論文がとりあげられることは遂になかった。（小鳥遊社版p．291）

あまりにとってつけたような、場ちがいで甘ったるい一文ではある。そもそも、自分でそれを書いてはダメだろう。その小説の中から幸福がにじみ出てくるようにしないと。彼が、みんな幸せだったと思いたいのは痛いほどわかる。でもそれを自分で書かなければならなかったこと自体が、彼の主張とこの小説の完成度について、何事かを物語るものではあるのだ。

これを読んで、ぼくはそんなサナトリウムが完全な失敗ではなかったと言ってあげたい気持ちはある。決して忘れ去られたわけではなく、それがどこかに生きているし、それが何かにつながったというのを示したい。誰もそんなことは思わないだろうけれど、でもぼくは、自分のやっていることの相当部分の中にかすかにとはいえ『NW－SF』／山野浩一的なサナトリウムの流れのかけらがあると思っている。当の山野浩一は（そしておそらく山田和子も）、たぶんその後の山形のなれの果てを見て、そうは思わなかっただろう。管理社会と資本主義の手先になり下がりやがって、と舌打ちしていたのかもしれない。あるいはそれを、おもしろがってくれていたのかもしれない。それは知るよしもない。でもウィリアム・バロウズがらみのいろんな翻訳や活動は、ぼくにとっては『NW－SF』／山野浩一的なものを継いだ成果だ（本書でも言及したバロウズの同人誌は、「北北西SF」なる版元から刊行されたことになっていた。もちろんN－NW－SFのつもりだったのだ）し、イアン・

ワトスン『エンベディング』の翻訳も同様だ。

その一方で、それを活かすというのは、何やらそれを美化した想い出の中でごまかすことではないだろう。一応、ニューウェーブSFは——ひいては『NW-SF』は——50年代黄金期SFを「総括」して「清算」し、必要なら「粛清」したかったんでしょ。だったら自分たちに対してもそれをやらないと。山野浩一自身、創元SF文庫に自分の選集が収録されたとき、それぞれの作品について自ら採点している。それを他の人がやってあげないと。

たぶん、ここで書いたようなことをいちいち言わなくてもいいだろう、と思う人はいるんだろう。山野浩一の小説の無骨さは、みんな口に出さないまでも知っていたことだ。すでに故人でもあるし、死体に鞭打つような真似をしなくてもいいだろう、だまって胸にしまっておけばいいだろう。評論家がそれを見て表面的にはしゃぎたいなら、足を引っ張ることもなかろう——そういう見方はわかる。わかる一方で、ぼくは山野浩一本人がそんな甘い扱いを良しとはしなかっただろうと思うのだ。そして……彼の小説はやはり、一過性だと思う。自分の個人的な想い出として、サインをもらった各種の本は置いておくけれど、それがなければ、『花と機械とゲシタルト』『鳥はいまどこを飛ぶか』以外は処分してしまうことだろう。

行きがけの駄賃で：橋本治について

いきがけの駄賃で、橋本治にも触れておこう。彼について、何かまとめなくてはと思っている。そしてだいたい何を書くかは、以前一連のツイートでまとめてしまった。でも、たぶんそれを書き終えたら、本棚の（すでに少なくなった）橋本治の本もほぼいらなくなるだろう。そして、自分がそうしたいのかどうか、ぼくはまだ決心がつかない。

何の予備知識もなく、中学時代に自由が丘の古本屋で『花咲く乙女たちのキンピラゴボウ』を手に取ったときの衝撃は、その後のぼくを大きく方向付けた。それを毎日学校帰りに立ち読みした。確か下巻だけで1800円だったかな。その後それが売れてしまい、しばらくして上下セットが2500円で出ていたっけ。しかもたぶんぼくの連日の立ち読みをうとましく思われたせいか（とぼくは当時確信していた）、わざわざひもを掛けて立ち読みできないようにしやがった。当時の月のお小遣いが500円だったので、それを半年必死でためてやっと買ったのを覚えている。その本はぼくのバイブルとなった。自分が読んでいた萩尾望都や山岸凉子や鴨川つばめにこんなすごい意味があるのか、と目を開かせられた。そしてその後、目につく橋本治はすべて舐めるように読んだ。

だが……あるとき違和感が出てくる。

その違和感を覚え始めたのはいつだったろう。だが『花咲く乙女たち』であれほど有効だった手法が1982年の『熱血シュークリーム』ではいま一つ不発だったときには、すでにそれが顕在化していた。時代の変化もあったんだろう。高度成長期の中で少女マンガが表現していた不安を彼は見事に捉えたけれど、バブル期で少年マンガにおける「成長」の位置づけが変化したとき、『熱血』ではそれを捉えきれなくなった。少年マンガの成長の先、明日のジョーの明日には、少年はおっさんになる。でも橋本治はそれを正視したくなかった。少女マンガでは、おっさん＝世間は悪役にできた。橋本治は、自分がそんなおっさんになりたくはなくて、永遠に半ズボンの少年でいたいと思っていたのだ。いられると確信していたのだ。だがもちろん、鏡に映る自分は日々その確信をあざ笑うものとなる。そして、おっさんが担う世間が、実は少女たちや半ズボン少年たちのインフラを支える不可欠なものだということにも、どこかで気がついただろう。それでも彼はおっさんにはなりたくなかったのだ。『熱血』が完結しなかったのも、彼自身がその逡巡《しゅんじゅん》を自覚してしまったせいもあるのではないかとは思う。つまるところ彼は次第に時代／自分の老いについていけなくなったのだ。彼はその「あした」にたどりつけなかった。

そしてその頃、日本経済のバブルがはじけた。橋本治の前提の多くもそれで崩れた。

ぼくが決定的にその時代とのずれを感じたのは、「'89」で、土井たか子がすばらしいとか言っていたのを見たときだったと思う。そしてその後次第にその違和感は強まり、ぼくの第一次橋本治大粛清で本棚の相当部分を処分したのはこのときだった。

そして彼はその頃、不動産投資に手を出して大損したようだ。彼はそれについて、不動産価格があがり続けるなんてウソだということを証明するため、あえて借金して不動産を買ったんだという、負け惜しみもいいところの屁理屈を述べていた。それは何の証明にもなっていないのでは？　あなた自身が損をするまでもなく、不動産価格が下がればそれは証明されるのでは？　あなた、どこかで変な欲を出してヤケドしただけなのに、それを自分で認められなかったんでしょう？　その頃彼はすでに、自分のミスを笑って認められない状態になっていた。むしろそれを、反経済成長的な物言いの正当化として強弁するようになっていた。

だがそれでもぼくは橋本治の良心は信じていた。それが決定的にくずれたのは、2010年に『atプラス04』の企画で初めてお目にかかって対談したときだった。もちろん周到に準備して意気込んででかけ、この反成長的な世迷い言についても突っ込もうとした矢先に、橋本はこんなことを言ったのだった。

「いや経済成長が必要なことくらいわかってますよ。でも反経済成長って言ったほうが受けて売れるからそう書いているだけ」

そううそぶかれて、ぼくはもはや橋本治の基本的な良心すら信じられなくなり、残っていたかすかな期待すら消えてしまった。そうですか。そんな卑しい売文の徒に成りはてましたか。その失望の後で、もちろん本棚の橋本治の本は、大なたを振るわれることになった。

それでも……ぼくはほんとうに橋本治にはいろんなことを教わった。それについての感謝はいまだに衰えていない。ただ、その恩恵、橋本の持っていた意義と可能性をまとめようとしたら、たぶんその哀しい末路についても書かねばならないだろう。そしてそれをまともに見てしまったら、たぶん彼がかつて持っていた光の部分——ぼくが大きな影響を受け、たぶんぼく自身の中に残っている部分——の中にひそんでいた、その後の衰えに続く要因も見ることになり、たぶんその光の部分についてもかなり割り引かねばならないことになるはずだ。それはそれで寂しい気がする。橋本治追悼文を結局書けていないのも、そんな直観があるからだ。

いつかは書こう、とは思う。いつか、自分の中の橋本治を清算するときがあるだろう。それができたら、本棚に残る橋本治の他の本もすべて一掃される。残すのは、『花咲く乙女たちのキンピラゴボウ』『編み物教室』だけだ。もうそこまでわかっているのだけれど、それは寂しい。いまその寂しさに直面しなくてもいいだろう、という気持ちがある。先送りしたい気分がまだある。その未練が、本棚(というか段ボール)の中にいまだに残る、橋本治のかなり大きな一角なのだ。

積ん読の先へ

だがそんなセンチメンタルな未練にいちいちとらわれずにすむものはたくさんある。それはどんどん解消しよう。量子力学はもうあきらめたけれど、もうやんないだろうなー、と一時は思って完全に死蔵になっていた解析学を、上とまったく同じ発想で勉強を始めた話はさっきした。はいはい、この歳でマセマの問題集解いているなんて、自慢できることではない。が、やらないよりは自慢になるだろう。そしてそれをやるうちに、大学時代に「受験数学とはちがう数学の本質が〜」とかいうのが世迷いごとでしかないとわかった、という話はすでにした通り。

さらに、勉強したところで使うこともないかと思ったら、機械学習の話で出てきて、無駄じゃなかったではないの。デデキントの切断とか実数の定義とかは、理屈はわかるけど、それを具体的に応用する場面はまだピンとこないんだが、まあそれはいいか。ルフィじゃあるまいし、解析王になるつもりはない。工学部なので問題が解ければいいのだ。ラグランジュの未定乗数法も、ああそういう話ね。証明はできないが、一応は使えます。これで「いつかやるから」という言い訳のために自分の本棚を占めていた、数学の教科書や問題集はもう必要ない。その部分の積ん読は消える。

2024年に、作ろうと思ってなぜか本棚に10年以上も寝ていた『大人の科学』付録のヤンセンのビーストを作った。もちろん作って楽しかったのだけれど、作ること自体より、作ろうと思っていた自分への約束が果たされたほうが重要だったかもしれない。そしてそれ以上に、実際に作ってみたことで得られた実感は、棚に寝かせてあったときの妄想とはちがうものだった。なぜかもっとフワフワした動きを想像していたのだけれど、もっとこぢんまりして、かくかくした印象だった。だが規模は小さくても、その印象はそれまでの妄想よりは中身のある確固たるものだ。妄想がはじけても、失望ばかりではない。ずっと地に足のついた何かが生まれることも多いのだ。プラトンは、なんか敬遠していたけれど、実際に読むと気軽で楽しいよ。そして逆に、後世の人がみょうにむずかしくしてしまったものが、急に地に足のついたものとなる。それはむしろ爽快なことだ。

ほかにもわかってくることがある。昔読んで、むずかしくてわからないと思っていたことも、いろいろ読んでくるうちに「わかって」くるのだ。何が書いてあるかが理解できました、というまともな「わかり」も2割くらいはある。それよりずっと多い気づきは、往々にしてむずかしく書かれている部分というのは、それを書いた著者自身も実はちゃんと詰められていない部分ばかりだ、ということだ。「〜であることは言うまでもない」なんて書いてある部分、昔は「そうなのかなあ、ほかの人はみんなわかるのかなあ」と自信喪失したりしていた。でも次第にそれが、著者自身がきちんと説明できないのをハッタリかましているだけだ、というのがわかってくる。わかんないのは相当部分がぼくのせいじゃない。著者がごまかしているせいなのだ。

さらには、そうしたごまかしの背景まで見えてくる。自分の思い込みが否定されて、キレて得たいの知れないことをわめきたてる人はみんな知っている。かつて自分がやった恥ずかしいことを必死で正当化しようとする人もいる。そういうとき、人は支離滅裂で雄弁になる。つまりは、むずかしげな文章がそこで量産される。そして人間の弁解なんて似たり寄ったり。同じ作家のいくつかの文を読み、さらには他のいろんな著者の（自分も含む）弁明や逃げ口上やいきりの手口が見えてくるたびに、むずかしく高度に思えたものが、実はただのごまかしにすぎなかったと思い当たる。ぼくは橋本治『蓮と刀』からこのあたりの見方をおそわった。そうやって自分の抱いていた幻想や妄想も消えるのだ。

そうなったとき、なーんだとがっかりする気分もある。だが妄想がはじけるたびに、不義理は消え、責任は果たされ、約束は履行される。買った時の「読むぞ！」という約束が成就するのだ。そのたびに、本棚の一角からの非難が消え——そしてそこの積ん読は解消される。『ロード・オブ・ザ・リング』でヘルムズ・ディープの戦いに連れてこられた、かつての約束にしばられた亡霊軍たちのように、誓約とその呪いから解放されて自由になるのだ。そこの本は、かつての借金督促状ではなくなる。もはやその一角の淀みはない。処分するわけにはいかないものから、処分していいものになる。天命を果たすことなく殺されていた恨みがましい死蔵本が、すでに役割を一応は終え、天寿をまっとうした安らかな死蔵本となる。処分するときにも、あまり未練は残らない。そうこうするうちに、テトリスでうまく縦棒がはまったときのように、積ん読が三段くらい一気に消えることもある。プラトン読んだら、アリストテレスだって敷居は下がる。マルクス読んだら、マルクス注釈書のたぐいもかなり不要だ。

そうやって、どこかで腹を決めると積ん読は急速に解消されてくる。そのうち、自分の積ん読の背後にあった、物欲しげな自分の期待が見えてくると、それはさらに加速する。もちろんときどき「あ、あれはやっぱまだ処分しなけりゃよかった、他の可能性があった」と後悔することはあるだろう。が、そのときはまた買えばいい。それだけの話だ。

そうやっていろんな積ん読が消える。そうそう、なんか全集で買ったものでも、次第に全集にこだわらずほんとうに必要な巻だけ残しておけるようになる。物理的な書籍へのこだわりが減り、スキャンPDF化も進む。かつては、PDF化するとあまり読まないと思っていたけれど、量が増えると自然にファイルを開ける回数が増え、するとそのついでに他の電子化した本も自然に見るようになる。

そうこうするうちに、おそらくは自分にとってどうしても必要な本、己を作ってきた本のようなものだけが残ってくるはずだとは思う。そしてそこに残る本が、ぼくはそろそろ見えてきたような気がする。あの古本屋で買った橋本治『花咲く乙女たちのキンピラゴボウ』は必ずあるだろう。大室幹雄『桃源の夢想』、『クルーグマン教授の経済入門』、荒俣宏『理科系の文学誌』。メリル『ＳＦに何ができるか』。バロウズはないだろう。でも自分の『たかがバロウズ本。』はあるだろう。全部で30冊におさまるくらいだろうか。

自分に残るその最後の30冊こそが、己にとっての真の積ん読になるだろう、とは思う。それはもちろん、読んでいない「いつか読む」本ではない。まったくちがう意味合いを持つ本ではある。そしてそれは、単純に積んである未読の量を誇るような、そういう無意味な積ん読誇示とは別のものになるだろう。どうだろう。その本はお棺に入れていっしょに燃やしてもらうべきなんだろうか、それとも、あるときそんな本に対するこだわりすら消えて、あっさりすべてどこかに売ってしまうかもしれない。だが、それはそれですがすがしいことだろうとは思う。

……と言いつつ、片づける一方で次の積ん読が増えつつあるのが人の性。おお、またＡＩ本が出てきたなー、これいつか読もう。おおお、プラトーノフすごそう、あれもこれも買っておかないと。ジェイムズ・ジョイスあんまり真面目に読んでなかったが、読み返しておこう。そうそう、バージェスのジョイス解説本の訳なんかに手をつけはじめたことでもあるし（と言う間に訳了）。山野浩一のサンリオSF文庫といえば、ベスターの『デシーヴァース』は翻訳再開したけれど（終わった）、そういえばオールディス『ヘリコニア』シリーズも放置してるんだよな。買い直して再開しようかなあ。そうそう、1930年代のアメリカのテクノクラシー運動についてもなんか急に興味が湧いてきたし……。

勉強は小間切れでやる

いまの話でもわかるだろうけれど、ぼくは読書でも翻訳でも、勉強は小間切れにやるタイプだ。『クルーグマン教授の経済入門』の翻訳も小間切れの翻訳が積み重なって出来上がった。

『クルーグマン教授の経済入門』を訳したのは、マサチューセッツ工科大学（MIT）での留学を終えて日本に帰ってきたときだった。当時、日本ではバブル時代の住専《じゅうせん》処理（住宅専門貸付会社の不良債権問題）がすごい問題になっていた。ダメな不動産にお金出しすぎたってことなんだけど、アメリカでもちょうど、そうした不良債権を一括して処分するRTC（整理信託公社）の抱える問題がコンサルの世界で大きな関心事だった。でも、あまりわかりやすい説明がなかったので、自分の勉強としてメモを取りながら『クルーグマン教授の経済入門』を読んでいたら、気づけばだんだん翻訳ができてしまった。会社の中でこの問題について話し合っていたとき、「ここに書いてあるから読んでください」とその章の訳を渡したら部の中ですごく感謝された。

その後、市場操作の話が出たときも『クルーグマン教授の経済入門』に住友商事の銅取引の会計不正の説明が出ていたので自分の勉強も兼ねて訳し、これまた部内で流した。

さらにM&Aが話題になったときも同様。ついでに基本をおさえるためクルーグマンの生産性やインフレの章も翻訳した。すると本全体の半分くらい翻訳ができてしまったので、残りの2、3章も勢いで訳してしまった。うちの部では半分以上のネタはみんな読みたがっていたので、他にも読みたい人はいるだろうと思って出版社に持っていった。それがメディアワークスに行ったのは、どんな経緯だったっけ？

一冊の本を翻訳しようと意気込むと大変だけど、こうやって必要や興味に応じて少しずつ訳していくと、案外できてしまうものだ。継続は力なり。

微積分の問題集でもピケティの翻訳でも、まるまる一冊をこなそうと考えると「こんなむずかしい数式は無理だよ」「こんな分厚い本なんて無理だよ」と目が拒絶してしまう。それを乗り越えるコツは、とにかく全部を見ないことだ。まず目先に集中しよう。

　たとえば子供の作文の宿題を手伝うとしよう。小学校3年生くらいの子供にとっては原稿用紙1枚、400字を書くのが大変なことで、どこから手をつければいいのかわからない。みなさんも、夏休みの読書感想文や日記の宿題で苦労した経験があるだろう。何を書こうか、と悩むうちに、原稿用紙の白紙の部分が、やたらに圧迫感をもって迫ってきて、なおさらこれをぜんぶ埋めるなんて無理だと思って、ますます書けなくなる。

　うちの子もそれだったので、夏休みの思い出がテーマなら、まずは夏休みに何をしたのかを聞いてみる。サッカーの練習が面白かったと言うから、まず「サッカーの練習がおもしろかったです」と書かせる。あとは「どこでサッカーしたの？」「いつやったの？」「パス？　シュート？」などと質問をして答えを書かせていけば、気づけば400字が埋まっている。

　ぼくが文章を書くときのやり方も、これと同じだ。多くの場合、言いたいことは一つだ。「この政治家はバカだ」とか。ではそれをまずでかく書いてみよう。それだけで気分がいい。すると続いて、「なんでバカなのか説明してやるぜ！」と思ってチョロチョロ加筆する。見よこの説得力、と悦に入ってだんだん加筆すると、周辺情報も関連した事例もいろいろ入って文はふくらむ。最初からがっちり起承転結で書く必要はないのだ。

そして面白いことに、原稿を書きっぱなしにしないで、書いては読み返し、補ってとする過程で自分の考えがまとまるだけでなく、変わることもある。まず、自分の理屈がどうもつながらない部分も出てくる。あるいは「あいつはバカだと思っていたが、こうして見ると意外に一貫性があるし、ただのバカじゃねえぞ」と思う。最初は、いやいやそんなはずはないぞ、と思うけれど、場合によってはそんなはずが本当にあって、最初にでっかく書いた結論を変えざるを得なくなることさえある。そしてたぶん自分の考えを変えた各種の積み重ねには、他の人の考えを変える力もあるのだ。

そして、翻訳もやはり小間切れの断片を積み重ねていく作業だ。

これはすでに述べた通り。分厚い本に気後れしても、とりあえず最初の1行だけ読んで訳してみる。あれ、意外と1章は短いじゃん、と思うとできる気がしてくる。2章は長いな、嫌だなと思ったから飛ばそう。最後の章は短かったからちょっとやってみよう。2章も長くて嫌だけど、パッと開いたページにあるこの文章はなんかかっこ良かった、ここだけ訳すか、みたいなことをやっているうちに、部分的に翻訳ができてくる。あちこち訳してくると、面倒そうでつまらなく見えたところも、「あ、これをつなぐためにこういうのが要るのか」と思えば少しはやる気も出る。前後ができていれば「ここさえ終えればこの章は完成だ」というご褒美もあるから、自分をごまかしながらできる。こういう積み重ねで半分くらいまで進むと、この調子であと残りも片づけようという気になって、一冊の本が訳せてしまう。仕事でやるのでなければ、それに十年以上かかることもあるけれど、別にそれで何もいけないことはないのだ。

数式やプログラミングでも、まず適当に1個値を置いてみたり、式の中の一部だけ、何をやっているのか見てみる。経済学のコブ・ダグラス型生産関数も、ちょっと簡単な数字を入れてメカニズムをざっくり把握すればいい。往々にして、重要なのは関数の細かい形式ではなく、その関数に持ってほしい性質だけだ。次は、それをどうやって導いているのかを分解してみる。

全部を一気に理解しようとすると拒否感が大きいから、いかに自分を騙して心理的ハードルを乗り越えるかがとにかく大事だ。やる気になってさえしまえば、部分的にわかるところをつないで「いろいろ書いてあるけど、要するにこういうことが言いたいんだろう」という積み重ねでだいたい何とかなってしまう。

そして、こういうふうに小間切れを積み上げていく勉強法は、5分や10分の隙間《すきま》時間でもできる。そのため1段落や1ページだけの小さな作業を手元に残しておくのがおすすめだ。机の上に読みかけの本を置いておき、デスクトップに作業途中のファイルを開いておく。そうすると、ネット検索で関連する話を見かけたりして気が向いたとき、すぐ「この続きをちょっとやってみるか」と取りかかれる。

同じ要領でぼくは、もっと長いスパンでも「いつか、何かにつながったときに続きをやろう」という糸の切れ端を常にたくさん持っている。ある作家をまとめて読もうとして中断していたけど、その作家が賞を取って話題になっているからまとめて読み直そうとか、10年前に読んだ本が今やっている仕事と絡《から》んできたから再読しようという具合だ。ときどきnちゃんねる系のサイトで「オレはADHD気味で何もできない」などと自慢する人がいる。そんなことはない。ぼくはADHDではないが、飽きっぽい三日坊主だ。でもそれならいろんなことを三日ずつ、年に百個並行してやろう。十年続けるうちに、そのうち50個くらいは一通り仕上がるはずだ。その50個が仕上がる時期がまとめてきたりするので、「おお、あいつはあれもこれもやってすげえ」と思われるかもしれない。でも長いスパンでいろいろ手を出しているうちに、たまたま時期が重なっただけなのだ。集中力がなければ、ないなりのやりかたはあるはずだ。集中できないことで、基礎を何度も繰り返すはめになるかもしれない。でもそれは決して（完全な）無駄ではないのだ。

わかったつもりが一番よくない

第1章で、バロウズが適当に単語をつなげたカットアップ作品を普通に意味が通るように翻訳してはいけない、わからないように書かれているものを無理にわかろうとするとダメな翻訳になってしまう、と書いた。ぼくがこういう考え方になったのは、大学の頃にポストモダンやニューアカといった、難解に書くことで深みがあるように見せかける書き方に「騙された」という苦い記憶があるからかもしれない。

浅田彰は資本主義に代わる新しい社会体系を仄《ほの》めかし、中沢新一は資本主義とチベット神秘思想のつながりを説いていた。人間の精神状態は虚数で数学的に表すことができる、という不思議な議論もあった。これまでの知識がすべて変わるのかという高揚感があり、本気ですごいと思って真面目に読んでいた。

ただ、そのうち「やっぱり怪しいのかも」と疑念が生じてきた。大学院に行く前後に『GS』とか浅田彰系統のいろんな現代思想雑誌が出てきて、頑張って読もうとしたのだけど、これはデタラメではないかという書き手が次第に目についてきた。たとえば現代思想の世界でバロウズを紹介していた武邑光裕は、バロウズの文献を集めていろいろ読んでいたぼくから見るとまったく的外れなことを書いていた。

ちなみにトレヴィルでティモシー・リアリーの『神経政治学』という本を訳したとき、日本語版の解説を書いた一人が武邑光裕だった。彼は無意味なカタカナを並べてもったいつける「そのつながりにおけるコネクションの接続性が……」というふうな文章を書くのだけど、リアリーが「日本語の序文に何が書いてあるのか知りたいから英語に訳せ」というので訳してみたら、「つながり」も「コネクション」も「接続性」も英語にしたら全部同じ言葉の繰り返しだ。それがひたすら続くだけの英文が出来上がった。リアリーからは「意味がわからないが、これは本当に正しい翻訳なのか」と問い合わせがきて、「訳はこれ以上ないくらい正しいんです、元の文章がこうなっているんです」と一生懸命説明した。ある意味、翻訳したおかげで現代思想のこけおどしが見破れるようになったというわけだ。

それでも現代思想が出てきた最初の頃は、世の中に対する新しい見方が出てくるかもしれないという期待はあって、無理してでもいろんな本を読んだのは面白かった。それになんだかんだ言いつつ、浅田彰『構造と力』は、前近代、近代、ポストモダンというのを非常にうまく図式化して示してくれた、よい本だったといまでも思う。

そして往々にしていろんな本は、「あれができる」「これができる」と主張し、大風呂敷を広げたがる。でも「これはできない」「ここはわかってない」というのを教えてくれる本はなかなかない。そして経済学でぼくにとってそれを最初にやってくれたのがポール・クルーグマンの『クルーグマン教授の経済入門』だ。

この本がすばらしいのは、これまでいろんな経済学者が「こうすれば生産性が上がる」という提言をしてきたけど、生産性がどうやって上がるかは実はわかっていないと教えてくれたことだ。ITで生産性が上がるとか、こうすれば付加価値がつくとか、わかっていない人がわかったふりをして言っているけど、それが混乱の元であるとクルーグマンは書いた。これにはほんとうに救われた。それがわかると、逆に「こうすれば生産性が上がる」と主張する人々があまり信用ならないこともわかる。その人たちの主張がわからないのは、自分がバカなわけではなく、たぶんその人たちが怪しいんだろうという見当もつく。

ちなみにクルーグマンは1998年頃、日本はインフレ政策をとれという論文を書いた。でもその論文は、最初はそれを否定するつもりで書き始めたんだという。みんなが懸念している「流動性の罠」なんて理論的にありえないと証明しようとしていたのだけど、逆にありえることを証明してしまった。そして彼はそこでモデルを受け入れて自分の先入観を改めた。「わかったつもり」はそうやって検証し続けないと。

かくいうぼくもクルーグマンと同時期、バロウズについての研究を集成した『たかがバロウズ本。』という本で似たような体験をした。カウンターカルチャー、アングラの帝王であるバロウズはこういう人生を送ったんだぜ、すごいだろうという本を1997年に死んだバロウズへの追悼として書こうとしたのだけど、彼が実際にやったことを丹念に追っていったら、実は彼の試行は失敗に終わっていたと言わざるを得なかったのだ。バロウズは言葉を切り刻んだりして言語の支配から逃れようとしたけど、結局逃れられていなかった。バロウズの翻訳をいくつかやっておきながら、訳していたときはこの事実に気づかなかったのだけど、バロウズの試みは挫折に終わったという見方でもう一回見直すと、そっちの方が筋が通っていた。

バロウズという本当にすごい人が死んじゃったよねという本を書くつもりが、真逆の本になってしまった。「そんなわけない」という自分の直感をどうにか抑えつつ格闘するうちに自分の考えが変わってくるのは、非常に大きな、また重要な体験だった。そして、自分の考えが変わるというのは、人の考えも変えられるということだ。クルーグマンにしても、卑近ながらぼくにしても、それはその後の理論や活動で重要な柱となった。

1週間なら誰でも世界一になれる

頭の中にある知識のストックを増やしていくと、テーマ同士が思わぬ化学反応を起こすことがある。

リナックスを筆頭にオープンソースソフトが大きく注目されたとき、ぼくが少し有名になったことがある。そういうものがどう経済や社会に影響を与えるかについて、多少なりとも言える人間が日本には他にほとんどいなかったからだ。ソフトウェアと経済の関係についての専門家なんていない時代に、なんとなく遊びで見ていたUNIXやリナックスといったソフトウェアと、仕事で扱っていた経済学を掛け合わせたら、他の誰よりも詳しげなことが言えたのだ。それぞれの分野の専門家はいたけれど、両方の中間をやっている人は誰もいなかった。そしてまさに、やはり開発者ではあっても学者ではないエリック・レイモンドがそれについての有名な論説『伽藍《がらん》とバザール』シリーズを発表した。それを見るだけで、もう当時世界で見るべき議論はほぼ尽きていた。

そういうやり方について、ぼく自身はあまり意識的に考えたことはなかった。そこがおもしろいのであれこれ調べていただけだ。でもあるとき、伊藤穰一と話をしていたとき、そういう話になった。彼はそれをかなり意識的にやっていたそうだ。複数分野の中間地点を狙え。物理学のようにすでに完成された世界なら、いまからそれを極めるのは至難の業だし、凡人は既存の研究者には勝てない。ましてそこで世界のトップになれるわけがない。

でも新しいものは常に、別々のものが重なるところに生まれる。そこはほとんど誰もやっていない。そこを狙って2週間しゃかりきに勉強すれば、世界のトップにだってなれるのだという。

もちろんしばらくすれば、後から学者がやってきてもっときちんとやるだろう。しょせんは三日天下。いずれは追い越されて、そうなると「あいつはいい加減に雑なことばかり言って迷惑だ」みたいなことを言われることもある。それでも、3日か1週間ではあっても（実際には学者はグズなので数ヶ月くらい）日本や世界の最先端を見られたことは、その後の人生を変えうる経験になる。

もっとも、こういう機会は意図的に作れるものではない。ただ何かの中間の領域というのは重要なポイントだ。まったく関係なく別々の好奇心で見ていた話が、全然べつのところでつながると、たぶんそこには何かおもしろいネタがあるのだ。

フリーソフトの話は、コンピュータのプログラムの話と経済学の重なり合いで出てきたテーマだ。そしてインターネットが登場したとき、そこから出てくる規制の問題を含め、インターネットと法学が重なるような分野が登場した。ローレンス・レッシグの世界だ。これまた、まともな——というか目新しいことを言っている人は彼くらいだった。

あるいはぼくは香港が好きで、80年代から年に何度か通っていたけれど、その隣に深圳という人工都市ができつつあった。中国本土に入るには査証《さしょう》をとらねばならず、それには数日かかったけれど、深圳は国境で査証が落ちる（そうそう、その頃のバックパッカー業界では、査証がもらえることを「査証が落ちる」と表現していた。なぜだろうね。いまはどうか知らない）。ぼくにとってそこは、形だけでも中国に入りたいのと、あとは世界的に失敗ばかりの新都市建設に手を出すなんて、中国は間抜けだなあという都市計画の学生としての野次馬根性で見に行っていた。そしてそこは、最初の頃は本当に何もない荒野だった。

しかし忙しくて五年ほど香港通いが中断した頃、ハードウェア関係の人と話をしていて「最近は深圳で部品を調達している」と言われ、いつの間にか深圳がハードウェアのシリコンバレーになっていたことを知った。このときはハードウェアと都市開発の関心が重なった。

こんな具合に、大きなネタがふってくるときは、ほぼ必ず目先のちがう分野の重なりあいとなる。少なくともぼくはそうだ。

ただし、もちろん世の中には無数の組み合わせがある。無数の重なりの中から、そのときに突然おもしろくなってきた部分を見つけ出して、「1週間だけナンバーワン」になるためには、さまざまな方面に中途半端でもいいから好奇心を向けておくことが不可欠だ。それは自分の中で「わかったつもり」にならない、ということでもある。得たいの知れない、わかっていない部分がたくさん溜まっているところをなんとなく把握しておく、ということでもあるのだ。

ぼくの高校の同級生にはすごいやつがたくさんいて、数学が天才的にわかるやつとか、ぼくに影響されて自分でパソコンを作り始めたら、半年でオリジナルのプログラミング言語を作ってしまったやつがいた。高校生なのに社会についての見方がしっかりあってすごいと思ったやつもいた。あいつらには敵わないから少しでも追いつこうと思って頑張っていたのだけど、大学に入ったり社会に出たりしてから再会すると、頭打ちになっていたやつも多い。

高校や大学あたりの年には、単純な社会正義に燃えたりものごとを決めつけたりして「これはこういうものだ」と見切って論破するのが格好よく見えた。ぼくもそういうのに憧れていた。でも自分があれこれ中途半端に手を出し、ふらふらとちがう考え方も見にいったような、腰の据わらなさや断言できなさが、その後さまざまな可能性を開き、今の自分につながっている。自分の中でなかなか結論が出せないことに居心地の悪さを覚えている人には、それは将来の可能性につながることもあるから焦らなくていい、と言いたい。

べつにむずかしいことをしなくてもいい。「人類を支配しているのは爬虫類人《はちゅうるい》だった」というような奇説を見にいくことだって、将来の可能性を広げるかもしれない。人間の想像力の、あまり厳密ではない余白にこそ何かがあると昔から思っているし、そういう部分を描くからこそSFが好きなのかもしれない。

アマチュアの強みと弱み

1週間だけ世界一になるのは、見方を変えるとアマチュアの戦略とも言える。

ぼくはITや文学など多分野の翻訳をしているけど、いずれかの分野の専門家というわけではないアマチュアだ。プロとアマチュアのちがいは、プロはやりたくなくてもやらないといけない、アマチュアはやりたくなければやらなくていいし、逆にやりたいならとことん狭く深く進めることだ。

だから、何だかよくわからない新しい分野が出てきて、まだ専門家もいないときこそアマチュアの出番だ。さっきも出たけど、フリーソフトの思想を語った有名なオープンソース論『伽藍とバザール』の著者エリック・レイモンドは、続編『ノウアスフィアの開墾《かいこん》』で、開墾した人にその土地の権利があるというジョン・ロックの所有論をソフトウェアの権利意識と結びつけた。荒削りながら、その後たくさん出てきたフリーソフトウェア経済やハッカーの行動原理についての論考をいくら読んでみても、彼の最初の着想に敵うものはない。これこそアマチュアの優位性が活きた例だ。

あるいは、アメリカでブルドーザー式のスラム撲滅型再開発を批判し、みんながスラムだと思っている猥雑な町にこそ都市の本質があるのだ、と論じたジェイン・ジェイコブズもそうだ。彼女はアマチュアであることを身上に名著『アメリカ大都市の死と生』を書き、いまだに都市開発や都市観察者たちの一つのバイブルとなっている。そこでは、アマチュアとしての観察力と、プロのように分野に縛られない/分野を持たないことからくるアマチュアの総合力が遺憾なく発揮され、見事な知見を生み出した。

もちろん、いいアイデアをひとつ持った素人が次も正しいとは限らない。技術家の一発屋は山ほどいる。だけど、「よくわからないけど面白そうだからあそこに行こう」と誰もいない場所に乗り込んでいくのはアマチュアの特権だ（というかできたばかりの新しい世界にはまだプロがいないので、全員がアマチュアだ）。多くのプロは既存のものを少しずつ広げていくのが仕事だ。でも、ある世界にどっぷり浸かると、新しく起きていることの面白さに逆に気づけなくなってしまうこともある。

もっとも、その世界のベースとなる体系知識がないのがアマチュアの弱みで、思わぬ落とし穴に落ちてしまうこともある。プロとアマチュアのちがいを別の観点から述べると、ベースとなる体系知識の有無でもある。経済学の専門家ならみんな需要と供給を知っていて、限界効用が何かを知っている。アマチュアはいまの経済学で盛り上がっている行動経済学で扱われているような話を面白がって、そこらの経済学者より詳しく知ることはできるかもしれない。反面、行動経済学が一般経済学とはどう違うのか、本当に昔の経済学はそういうことを無視していたのか、というあたりは見えてこない。

昔ある物理学者が書いた文章に、自分が1920年代の物理学者だとして、アインシュタインがいきなり相対性理論の論文を送り付けてきたら、自分だったらどう反応するだろうかと想像したものがあった。見ず知らずの人から「今の物理学は基本的にまちがっていて、非常に特殊な光の速度と重力定数の中で近似として成立しているだけなんだよ」と言われて、なるほどと納得できる人がどれほどいるだろうか。当時、ニュートンがまちがっているという論文は山ほどあった。そんな玉石混交のアマチュア論文の中で、どこかの特許庁職員が書いた論文をいいものだと見分けられただろうか。トンデモ説が陥りがちなミスを犯していないことは判別できたかもしれないけど、相対性理論の意義まで理解して評価できたかというとむずかしいかもしれない、と。アマチュアの思いつきは単なる思いつきであることがほとんどなので、それを無視するというのも、特に忙しいプロにとっては見識ではあるのだ。

が、プロも少しはアマチュアを育ててほしいとは思う。そしてアマ側も、それに見合うだけの努力はしないと。もちろん、その協力は決して簡単ではないのだけれど。

好奇心の広げ方

ぼくが世間の人に対して不思議に思っていることがある。それは、本を読んでいるときでも、日常を過ごしているときでも、「なぜ、ここからもうちょっと好奇心が広がらないのか」ということだ。

昔の人は、機械の中を開けてみたがる人が多かったと思う。とにかく分解して、どうなっているのかを調べたがったのだ。なぜ開けてみたくなるのかはわからないが、おそらくあれは好奇心に動かされてのことだったと思う。ぼくも開けてみたくなるタイプだ。しかし、最近は不思議なものを見たときに「なぜこうなっているんだろう」「これどう動くの」などと感じる人が昔より少ない気がする。

経済学では、「人間は決まった仕事ばかりやっていると退屈してきて工夫を始める。それによって合理化が進み、生産性が上がって経済発展する」という議論があるけれども、現実には多くの人は決まった仕事を退屈だとは思わないようだ。むしろ決まった仕事をやっていれば給料がもらえて飯が食えるんだったら、あえて変える必要はないじゃないかという発想になるらしい。

言われてみれば確かにそうも考えられるが、一方で、「電卓を弾かなくてもエクセルでできるんだから、楽すればいいのに」などと、どうしても感じてしまう。なぜ同じことに飽きて工夫する人とそうでない人が生まれるのかは不思議だが、やはり「なぜ」と考える意識が大事だとぼくは思う。そういう意識を養うためには、細かいことでもいいから日常のルーティンをたまには変えてみることだ。

たとえば、あなたがいつも同じ定食屋に行ってA定食を頼んでいるとする。そこで、たまにはB定食を頼んでみる。そういう小さな変化を自分でつけてみよう。やってみたら実はイマイチかもしれない。でもそれで自分がなぜいつもA定食を頼むのかがわかったりする。

逆に、多少意識して日常を変えないと、ある種の惰性にはまって新しいことに挑戦できなくなってしまう。帰り道で曲がる交差点を1本奥にしてみるとか、そんなどうでもいいことから変えてみると、次に大きめのことを変えるハードルが下がってきて、新しいことにも手を出しやすくなってくる。

手っ取り早いことを一つ言うと、全然知らない分野の雑誌を見つけて読むといい。『考える技術・書く技術』（板坂元）で知り、ぼくが今でもたまにやっている習慣だ。本を選ぶときにも、今まで興味がなかった分野の本を見てみるとか、全然知らない本、聞いたこともない本を見てみる。住職になりたいと思っていなくても、半ば野次馬的な興味で『月刊住職』を読んだっていい。一時は女子向けのファッション雑誌『CUTiE』とか『KEROUAC』（あれを『ケラ！』と読ませるのは無理があるとは思った）とかも読んでいた。こういう世界があるんだという驚きが、また何か別の分野を開拓するときの心理的ハードルを下げてくれる。

昔のアメリカのよかったのが、何かが流行ったらすぐに便乗したくだらない雑誌が出て、それがタワーレコードとかの雑誌の棚に並ぶことだ。いっとき常温核融合が流行ったときには『コールドフュージョンマガジン』がいきなり雑誌の棚に現れて、日本は経済産業省が常温核融合にこんなに予算を突っ込んでいてすごいぞ、アメリカは遅れを取るぞと書いてあって面白かった。ついに2号目は出なかったけど。そういう切れ端のくだらない知識を知っていると、ネットで常温核融合を支持する人を見たときにかつてのブームを思い出して「まだ信奉者がいたのか」と訳知り顔で言える。

それから、読書もいいけれど、得た知識をさらに一歩進んで実践するのも大事なことだ。話題のものを雑誌記事のレベルでなんとなく知っているのは、知らないよりずっといいけれど、本当にわかるためにはハードウェアでもソフトウェアでも実際に作ってみないといけない。ぼくはすごいことはできないけど、自作PCを組んだりはんだづけをしたりは一通りできる。そうするとさらに理解度が上がり、本を読むだけでは見抜けなかったデタラメな言説を、「これは実際にやっていない人の考えだな」と見切ることもできる。スティーブ・ジョブズの伝記に、ジョブズは部品を糊付けした汚い製品を許さない美学の持ち主〜とおべんちゃらが書かれていたが、iPhoneやiPadのバッテリ交換の経験があれば、それがいかにデタラメかはすぐわかる。雑誌や本を見るのは重要なことだけど、ぼく自身を振り返ると、読書をもう少し具体的な実践につなげられるのが強みになってきたとも思う。

オカルト雑誌とフェイクニュース

ぼくがいつも読んでいる雑誌には『エコノミスト』と『フォーティアン・タイムズ』がある。昔は電気系や工作系の雑誌、単なる小ネタ雑学雑誌もいくつか定期購読していたのだけど廃刊になったものも多く、今ではこのふたつだ。

『エコノミスト』は言わずと知れた世界有数の政治経済誌で、世界の話題を知るベースにもなるし、書評欄で褒められている本は見てみる気になる。最近ちょっと偏ってきたけれど、でも好き嫌いを問わず世界的なできごとについてのかなり標準的な見方が得られる。

『フォーティアン・タイムズ』は、一言で言えば真面目なオカルト雑誌だ。20世紀初頭にチャールズ・フォートという人が事業で大成功してお金持ちになり、やることがないので新聞を毎日読んで、科学者のドグマチックな断言に腹を立てた。そこで図書館に通って不思議なニュースを集め、「これは科学では説明できないだろう」と言って発表した。彼はそんなに頭が良くなかったので、自分の考えを体系づけて理論にはできず、ただ変なことを並べ立てるだけの本を書き、それを面白がる人が出てきて、彼のように科学を冷やかして面白がる人たちをフォーティアンと呼ぶようになった。

そのフォーティアンの雑誌が『フォーティアン・タイムズ』で、UFOやお化けの記事ばかり載っているのだけど、普通のオカルト雑誌とちがって、「科学で説明できることをオレたちの前に持ってくるな、オレたちは本当に科学で説明できないことだけを見たいんだ」というスタンスを取っている。だからたとえば、すでに決着のついたＵＦＯの事件を持ってくると「これは科学で解明済みだ」とたいへん怒る。オカルト屋のくせに科学的な厳密性に厳しいという、むしろ科学的な変な雑誌なのだ。

アメリカには、サイエンスライターのマイケル・シャーマーが編集長を務める『スケプティック』という雑誌もある。これも定期購読ほどではないがときどき買って読む。シャーマーはかつてトンデモなニセ科学を暴く活動をやり、『サイエンティフィック・アメリカン』（日本の『日経サイエンス』）でも人気コラムを連載していたのだけれど、次第に『サイエンティフィック・アメリカン』がおかしくなり、オスとメスや男と女は生物学レベルで決まるものだと書いただけでキャンセルされたり、「正規分布は正規の標準的人間を想定する差別的な概念だ」なんていうトンデモが載るようになってしまった。かつては科学の牙城だったところに、左派リベラルの政治的に偏向したフェイクニュースが入り込むようになってしまったわけだ。シャーマーもそれでクビになり、その事態を憂えて創刊したのが『スケプティック』だ。だからトンデモねたを気軽に読むおもしろい読み物というよりは、深刻な問題を扱うまじめな内容に様変わりしている。ただ、目立ったニセ科学をまとめてしっかり反論を載せてくれるので、いずれにせよありがたい雑誌ではある。

日本の雑誌だと『ムー』に近いところもあるだろう。『ムー』はネタを知るには非常に役に立つ。しかし、『ムー』のオカルト記事を信じてしまい、世界を救う聖戦士の生まれ変わりを探すような人たちも出てくる。その果てが地下鉄サリン事件を起こしたオウム真理教だ。『ムー』を作っている人はネタだとわかった上でオカルトを楽しんでいるけど、ネタをネタと見分けてくれない人が読むと非常にやばい話になりかねない。だから『ムー』を真に受けた人を笑う『トンデモ本の世界』だけではまずかったと元大阪大学の菊池誠なんかは言っていて、その気持ちもわかる。

ただ、ならばそれを厳しく糾弾し弾圧すべきだということにはならない。そもそもその基準となる絶対に信頼できるソースもない。フェイクニュースや陰謀論に触れない／触れさせない検閲純粋培養方式は、その基準の恣意《しい》性によりほぼ確実に破綻する。それは『サイエンティフィック・アメリカン』の凋落《ちょうらく》ぶりを見てもわかる。むしろ、邪説にもネタとして日頃から触れておくことで、免疫をつけるべきだ。「ネタとして」とはつまりその位置づけ込みで、ということ。『フォーティアン・タイムズ』や『スケプティック』や『ムー』

はその意味で、予防接種ともいえる。もちろんあらゆるワクチン同様、副作用はある。真に受ける人は出てしまう。でも世の中完璧などない。フェイクニュースでも、反ワクチンではダメなのだ。

日頃からあれこれ面白半分で比べつつ、自分なりの重心の取り方を練習しておかないと。そのためには主流はおさえつつも、常にそれに対するまともな反対論や懐疑論にも耳を貸すことだ。もちろんその「まとも」とトンデモ邪説の境界はむずかしいところ。でもまさにそれだから、その向こうのへんな陰謀論も、存在くらいは横目で見ておかないと。ツイッター/Xも、そうした議論の幅を把握した上で自覚的に使えば本当に有益になれる。つまりは、情報についても山形流の雑食が最高、自分で意識的に多様性を維持するのが何よりも健全、よって山形えらいという結論でいかがでしょうかね。

コンサルタントについて思うこと

ぼくは本業でコンサルタントの仕事をしている。コンサルに関して知るべきことの9割は、『コンサルタントの秘密』というワインバーグの名著に書いてある。他のところでも応用が利く本なので、読むといいと思う。この本が言っているのは、コンサルタントはだれも知らなかった答えを知っていて、それを教えるのではなく、相手の話を聞いて、彼らが常識と思い込んでいる世界の外に引き戻してあげる精神分析的な仕事だ、ということ。企業の事業コンサルや経営コンサルの本質はこの通りだと思う。

近年では経営コンサルが一般化したけど、マッキンゼー式の、全部を4つのカテゴリに落とし込んでダメなものは捨てろ、いいとこは伸ばせ、という単純なパターンで割り切ろうとするのはつまらないし効果的でない。現場の人が状況を理解した上で考える枠組みとしては役には立つけれども、外部から人が来てあれを押しつけるのは危険だ。そのそれぞれは、実はつながっていて不採算部門が収益部門を下支えしていることも多いからだ。

ぼくはコンサル業界の中でもちょっと特殊な、開発援助コンサルタントという世界にいる。開発援助とはおおまかに言えば「経済発展しましょう、そのためには普通に市場があって普通に工夫させれば伸びるでしょう、何もしないで市場に任せ、放置しましょう」という考えで、開発途上国に競争原理を働かせようとするのだけど、なかなか理論通りにうまくいかない。競争しろ、アイデアを出せと言っても現地の人は思い通りに動かないし、餌で釣ろうとすると今度は餌だけ持っていこうとする人が現れる。

開発援助の世界では規制緩和も基本的にいいものだということになっているけど、ロシアは共産主義が崩壊した後、法の支配が壊れて完全に無法地帯になり、ギャングが占有した。単純なルールでものごとが割り切れるのは、往々にしてそのルールが単純で済むための環境が整備されているからに過ぎないのだ。

また、開発援助のコンサルで非常に示唆的なのは、援助に対する考え方が世界銀行や経済学の潮流によってコロコロ変わり、そっくりそのまま援助の方針に反映されることだ。特に経済学の人たちがそうで、アメリカでいきなり「民営化しなさい」「レーガノミクスしなさい」と実行することはむずかしいのに、開発途上国では援助機関がしばしば「言うことを聞かないとお金貸さないぞ」と圧力をかけながら無理やり言うことを聞かせ、自分たちの思い通りの方針を飲み込ませようとする。しかも「いや圧力かけてません、話し合いの結果、そういう合意になったんです」と責任逃れする。

援助の考え方も時代と共に変わる。昔はハードなインフラを作ればいいと思っていて、港湾とか道を作ればその分だけ資本が増えるから、みんな生産して発展するようになるよねという理屈だった。戦後の日本はそれでうまくいった。が、ちっともダメな国も出る。それどころか業者と結託して、誰も使わないような港湾や空港、道路まで無駄にたくさん作るような国さえ出てきてしまった。すると次は教育が大事とか、あるいはサッチャリズムで、全部民営化すればいい、民営化しないとお金を貸さないぞ、ということになる。でも、これもうまくいかなかった。日本でもアメリカでもそうだけど、インフラを民間企業的にやると余裕を持たなくなってしまうのだ。

で、今度は経済成長に目を向けすぎるのはよくない、成長を目標にするとお金に目がくらんだ人が出てくるだけだから、もう経済成長は目指しませんと、貧困削減がお題目になった。すると、ぼくたちが報告書を作るときも「この高速道路を作ると貧困者が213人減ります」「この小学校を作ると貧困者が18人減ります」という、ホントかよと自分でもツッコみたくなるような不毛な予想を書かないといけなくなった。

こういう理論的な枠組みだけで、民営化させろとか、競争させろとか、規制緩和して放置させろとかいう単純化しすぎた話が、開発援助の現場では山ほど出てくる。

考えていることはわかる、やりたいこともわかる。ただ、競争のためには競争原理が働くための環境を作らないといけなくて、それは法律ひとつ作れば済む単純な話ではない。お役所が各種規則を施行できる能力と財政力が要る場合もあるし、別のところではむしろ電力会社に裁量権を与えて電力料金を決めさせないといけない。その処方箋がなぜいままで動かなかったのかという、もう一段奥のところまで見ないといけない。

他方で途上国の方も援助慣れしてしまっている節がある。どういうことを言えば援助機関が喜ぶのかをもう知っているのだ。ジェンダーとか環境がだいじですねー、というと援助機関は喜んで、「はいはい、じゃあお金を貸しましょう」となるのを向こうもわかっていて、足元を見てくる。これは援助機関の責任でもある。加えて、援助機関の多くもお金を貸すことが実績だったりするので、お前もオレたちに貸せないと困るだろうと見抜かれていることだってある。

シニカルな人は、それでお互い仕事が回っているからいいじゃないか、どうせ向こうにやる気がなければこっちが頑張っても無理だと言う、それはその通りだとは思うけど、現場レベルで頑張れる話だってある。第3章で書くように、実際に現場に行って、バスに料金箱をつけたり不良品の置き場を変えたりすることで改善できる部分もあるのだ。

第3章 好奇心を広げる技術

知らない世界を旅する

第1章で、よい翻訳には原文と向き合うだけでなく、世界そのものを観察することも大切だと書いた。ぼくにとって、世界を深く知るための大きな手がかりに旅行と工作がある。

高校時代に『インド・ネパール旅の絵本』（清水潔）という本を玉川図書館で発見し、受験勉強をサボって貪《むさぼ》るように読んだ。今にして思えばちょっとおめでたい、バックパッカーを半分理想化したような本で、「この一日だけのため、この一杯の紅茶だけのためにずっと生きる、明日はどうなるかわからない、おおインドの悠久の大地よ」というようなありがちな旅行記なのだけど、それでもいい本だし、大人になって読み返しても「こんな旅行ができるんだ」という昔の感動が蘇る。

この本を読んで「いつか世界中を回ってインドで悠久の時をめぐるんだ」という夢を持ったのがぼくの旅行人生のきっかけで、それからいろいろなところに旅行に行った。珍しいところを実際にこの目で見てみたいからだ。ぼくはバックパッカーではないが、貧乏旅行好きとして世界中のいろんなところをうろうろしてきた。

バックパッカーの中には「危険な体験がしたくて旅行をしている」というタイプの人もいるが、ぼくはそういう欲望は全然ない。ただ知りたいことがある、やったことないことをやってみたい、そのぐらいの気持ちだ。

知的好奇心による行動でも読書とはやや勝手がちがう。読書は「使えることを探そう」という意図をもってやることもあるが、旅行にはそういう見返りは求めない。では、なぜ旅行しているのか。あえて答えを出すのであれば、「自分の知らない世界があるのだ」ということを知るためかもしれない。

たとえば、昔は日本のＡＴＭは24時間営業ではなかった。銀行は午後3時に閉まって、ＡＴＭも夕方5時には閉まってしまう。シティバンクのＡＴＭが夜の7時まで開いているのに感動するような世の中だった。だが、香港に行くと、普通にＡＴＭが24時間使えたのだ。「日本より進んでますね、恐れ入りました」と驚いた。

何度も香港に行くと香港上海銀行の上の階で、外国投資のための各国についての資料がまとめて置いてあるのに気がついた。ぼくは50香港ドルくらいしか口座に入れていなかったのに、しっかり製本された資料をいくらでもくれた。昔の銀行は鷹揚《おうよう》だったのだ。日本に帰った後で、そういう資料をネタにして会社の報告書を作ったりしたものだった。

ベトナムでも、フィールドワーク的な情報収集の技術が役に立った。社会主義国だったベトナムで初めて経済開放政策が始まったときのことだ。まだ『地球の歩き方』でも、ベトナムは「フロンティア」という別シリーズだった。当時のベトナムにはオフィスビルなんてなくて、日本の商社などはホテルの一室などで仕事をしていた。

やがて経済発展に伴って都市開発が進むわけだけれど、そうなると市内をうろうろして、「ここで大きな開発が進んでいるな」と工事の様子を見てまとめるだけで、「ベトナム・ホーチミンのオフィスビル開発事情」みたいな報告が書けてしまった。

その後、ベトナムがどんどん発展していく様子を見た開発機関は、みんなベトナムに行って開発に一枚嚙《か》みたがった。「我々のおかげでベトナムが発展したぞ」と自分の手柄にできるからだ。ぼくもそんな仕事で現地に行ってレポートを書いた。そして書いた報告書のコピーを取るのに現地のコピー屋さんを使っていたのだが、ここが情報共有の格好の場所だった。

国際機関が「じゃあこれを50部コピーして」と注文したとしよう。するとコピー屋さんは、それを何部か余計に印刷しておく。余分に刷ったものを、裏で同業他社や競合に高値で売りつけてしまうのだ。

それをやっていたのが、ハノイのホアンキエム湖の南にある本屋の裏にあるところだ。そこのおばさんに言うと、なんと同業他社の報告書が全部手に入った。彼女ももう心得たもので、店に行くと分野別セットがある。「何が欲しい？　交通系、それとも金融？　教育？」などと言ってくる。「交通でお願いします」「50米ドルだよ、もう20ドルで昨日来たばかりの世界銀行の書類もつけるよ」みたいなやりとりをしていた。ワンパック50ドルが基本だった。他の国では、報告書を裏で売りさばくビジネスは見たことがない。たくさんの資料をストックして、相手の顔色を見て必要そうなものを足元を見て売りつけるとは、ベトナム人は賢いわ。そりゃ発展するわけだ。ぼくの報告書もたぶんコピーされてたんだろうけど……それは言わぬが花。

こういう情報はどこから入手するかというと、現地調査を一緒にやっている通訳さんや現地のコンサルの人と仲良くなって教えてもらうことが多かった。

少し脱線するが、大体どの国にも地元の人と親しくなるための作法がある。たとえば中央アジアあたりではお酒を飲んだらお友達だ。ウォッカを一緒に飲んでわーってやると、昨日はなかったデータが今日は出てくる。だが、決して相手を飲み負かしてはいけない。言うまでもない話だけど、日本から来たやつが飲み勝ってしまうと、そいつのメンツが潰れて口もきいてくれなくなる。適当なところで潰れて見せるのも社交術だ。

さて、横流しされたレポートを見るとベトナムの開発計画が全部わかる。これは自分のためだけでなく、お互いのためである。競合他社や他の機関が何をやっているかを直接聞くことはできなくても、レポートを通じて他社や他の国のやることを知り、うまく住み分けできる。それに、正直言ってそれは誰にとっても悪いことではない。ベトナムでもミャンマーでも、どこかの国が注目されると日本に限らずみんなが押し寄せる（日本は特にひどいが）。それは現地の人たちにとっても迷惑だ。ヒアリング先の役所の人に「なに、うちの産業政策の資料だって？　それなら日本の経済産業省のやつが先週来たので渡したから、そいつにもらってくれよ、同じ話を何度もするのは面倒だ」と言われ、「いやまったくでございます、がそこをナントカ」と頭を下げつつ資料をもらう――こんなやりとりがよくあった。日本は、そうやって話を聞いて資料をもらうだけで、実際にそれが援助や投資につながることがきわめて少ないため、あちこちでＮＡＴＯ、つまりノー・アクション、トーク・オンリーと陰口……いや表立って罵倒されていた。裏で資料を共有できるなら、調査するほうもされるほうも、お互いに決して悪いことではない。

ハノイの本屋では横流しの報告書を売りつけてくるという話は、どんなガイドブックを見ても書いてない。現地に行かないとわからない。こういうことを体験するのが旅行の醍醐味と言えるのかもしれない。

ベトナムも今では発展し、昔ほど援助を受ける国ではなくなってきた。このあいだ行ってみたら、かつての本屋はわずかに残っているだけだったし、もうあの報告書まとめ売り稼業もなくなっているみたいだった。まあそれは、いいことではある。援助機関が群がるような状況は、決して健全なものじゃないんだから。

旅行をするなら

最近、海外旅行に行く日本人が減っているとニュースでよく見るが、やはり海外を自分の目で見る経験はしたほうがいい。「うわー、日本とはなんだかちがうな」という発見が楽しいし、世界を広げてくれる。

最初の頃は何をやるのも冒険だ。知らない土地のバスや地下鉄に乗るだけで、切符の買い方や乗り方が日本とはちがって勝手がわからなかったりして、何もかもがちがう感覚に非常にワクワクする。ぼくは香港に初めて行ったとき、簡単に深圳まで行けることにかなりびっくりした。国境をこんなふうに歩いて越えるというだけで興奮した。

食事もレストランに入って注文すればいいのか、メニューは何なのか、知らないことだらけだろう。特に貧乏旅行者の場合は、旅行会社やガイドさんのお膳立てがあるわけではないので一事が万事おっかなびっくりだ。飯食えたぜ、酒飲めたぜ、くらいのつまらないことでも達成感が得られる。

旅先では現地の人が何をしているのかを見てみたくなる。すべてが揃ったリゾートの中で快適に過ごしてそのまま帰ってくるのも一つの楽しみ方ではあるけど、せっかく旅をするんだったら地元の世界を見た方がぼくはいい。

そして、これは完全にぼくの趣味の範疇《はんちゅう》だが、どうせ行くなら珍しいところに行った方がいいと思う。まだ誰も行ったことないところに行ったら、他の人に自慢できるじゃないか。

バックパッカーのいいところでもあり、悪いところでもある特徴に、ちょっと変わった体験をやたら自慢したがる、という点がある。世界各地にバックパッカーのたまり場はあるが、そこではいつでも決まりごとのように旅先の武勇伝が語られている。「オレは救急車をヒッチハイクしちゃったぜ」「知らない金持ちに奢ってもらって豪遊したぜ」とか、その手のありがちな盛りすぎ武勇伝の中に交ざって時折、みんなが知らない話や、「本当かよ」と耳を疑うウソのような事実が登場する。

かつて、ラオカイのベトナムと中国の国境は開いているのかどうか、はっきりしないことがあった。当時、公式には国境が開いてないことになっていたのだが、バックパッカー宿かなんかに「できた」というヤツがいたので、自分で行ってみたら本当にベトナムに入れてしまった。帰ったら会社の同期のアナリストが「そんなはずはない、国境は開いていない」と断言したので、実際にスタンプが押されたパスポートを見せたら驚いていた。やっぱり、他の人がやっていないことをやるのは面白いし、実体験にまさる説得力はない。

あちこち行ったけど、一番好きで思い出深い場所は香港だ。最初に自分で「ここに行こう」と思ったところだったからかもしれない。それまでも大学の研究室でバンコクやソウルに行ったことはあったが、自分で決めたのは香港が初めてだった。

1990年頃の香港には変なファッションの人がいて、あやしい電気街があって自作パソコンを売っていた。有名な重慶大厦《チョンキンマンション》にも泊まった。一通りのことはやったが、心残りは九龍城砦《クーロンじょうさい》に行けなかったことだ。「そろそろ取り壊しだから行こうか」と思っていたのだが、残念ながら時期が合わなかった。そしてその香港旅行のおまけで始まった深圳通いが大化けした話は、さっき述べた通り。

ベトナムも印象深いところだ。仕事でも行ったし、貧乏旅行でも行った。面白いし、ご飯も美味しいし、すばらしいところだと思う。個人的な印象になってしまうが、中国や台湾、ベトナムは、日本人でもなじみ易い。これらの国の共通点は何かと考えると、1000年単位で見ると、どこも中華文明圏だ。日本文明とは、言ってしまえば中国文明の辺境文化の1つで、中国やベトナムに行くとどこか懐かしいような、故郷に帰ってきた感覚になるのは、中華文明圏ならではかもしれない。韓国もそうだが、見慣れたような、それでいてちょっと日本とちがうような不思議な感覚に襲われる。

東南アジアへの旅行は、趣味と実益を兼ねてもいた。この章の冒頭に書いた、闇でレポートを売っているベトナムの書店で、「ベトナムの次はミャンマーだ」という情報を聞いた。ミャンマー関係の資料の多くはベトナムと同じ機関が作っていたので、最新の動向についての報告書もかなり流れていた。

実際ミャンマーに行ってみると面白い場所で、次のプロポーザル（提案書）はミャンマーで書いた。ミャンマーに行ったことを実績としてプロポーザルに書けるわけではないけど、国のイメージが頭の中にあると、何か考えるときの取っ掛かりをつかみやすくなる。仮にミャンマーの電力問題に取り組むとして、ミャンマーのホテルに泊まって電力事情を知っているのとそうでないのでは雲泥の差がある。交通政策を考えるなら、実際に道路を歩いたり自動車の修理工場を見たりした経験が役に立つ。カンボジアやラオスあたりでも、こういう趣味と実益を兼ねた旅ができた。

アジア以外の話もすると、アフリカも実際に行ってみると多様な地域だ。特にエチオピアは他のブラックアフリカとはちょっとちがう世界で、人間が日本人のように陰気な部分もあり、ど演歌みたいな暗い歌もある。そのほかのブラックアフリカは基本的に明るい文化なのに、なぜかエチオピアだけは暗いのだ。イタリアに一瞬植民地化されていたからエチオピアのコーヒーはすばらしく、マキアートを毎日飲んでいた。

開発援助の現場に行くこと

開発援助コンサルタントという仕事柄、出張でも海外によく行く。

ぼくが仕事の中でちょっと自慢なのが、ラオスのバス会社の調査だ。ラオスからバスをくれという要求があって、調べたら10年前に50台あげている。でもそれは全部壊れちゃったと言う。10年でバスが50台壊れたと言われて、「はいそうですか」とはなかなか言えないから調べてきて、という案件だった。

過去の報告書を見ると、バス会社が赤字で、メンテナンスのお金を十分に出せないのがバスが壊れた原因だという。乗客がいないから赤字なのかと思ったら、人はたくさん乗っている。どうして収益は上がるのにメンテナンスのお金がないのか不思議だけど、前任者はその理由について、不正があるのか、汚職なのかよくわからないと報告書に書いていた。

そこで、実際にラオスに行って問題のバスに乗ってみた。乗客はバスに乗ると現金で料金を払うが、運転手はそれをそのままポケットに入れていた。後でいい加減などんぶり勘定で、「何人乗ったから今日の運賃はいくらでした」と売上を計算していた。これでは勘定は合わないし、運転手はつい少なめに出してしまうだろう。

だから、運転手が料金に手をつけないような仕組みを作ろうぜ、というだけの話でこの案件は一件落着した。それをやってくれれば、追加でバスをあげてもいいだろう。あたりまえの話なんだけれど、それは報告書や数字ではわからない。実際にでかけてバスに乗ってみる、そして何が起きているのか自分の目で見るというだけの話だ。

しかし、開発援助のコンサルも様々だ。現場をバカにして、帳簿だけ見て、えらい人とだけお話をして、世界銀行お墨付きの民営化と水平分離と電力調査委員会の3点セットの決まった処方箋で乗り切ろうとする例もよく見かける。

コンサル、特に経営コンサルが現場を見るときにしばしばまちがえるのは、お客さん待遇で「これはどうなってるんですか、説明してください」と聞いた話をそのままとめて終わりにしてしまうことだ。ラオスのバスもそうだけど、みんなが当然だと思っていて、誰もわざわざ説明しようと思わないところにヒントがある。

バスの料金は集めていますか?——集めています。1人いくら払って、何人乗ってますか? それにしては売上が低すぎる、人数をまちがえているのかな? 統計がおかしいのかもしれない? 数字だけを見ているとここで終わってしまうけど、それだけじゃダメで、実際に中に入ってみないと何が起きているかはわからない。

ぼくの経験ではないけど、むかしソ連の指導を受けていた工場で経営やオペレーションの改善をした話を聞いたことがある。コンサルは、品質に気をつかって品質管理をしなきゃいけないという話をする。ちゃんとサンプリングして不良品率を調べ、その変化を記録に取ろうと言う。だけど、彼がサンプリングの工程を見ていると驚く光景を目にした。日本だと普通は不良品が見つかったらその時点で捨てるんだけど、なんと彼らはその不良品を全部ラインに戻していたのだ。不良品を捨てろと言ったら、「もったいないじゃん」という反応で、根本的に話が通じない。さらに、工場の人とお酒を飲んで話していると、「お前が言う品質っていまいちよくわかってないんだよね。あれって量のことか?」なんて言われたらしい。

「説明してください」と言われて説明できるようなことはもうとっくにわかっていて、まだ言葉になってない非常に根本的なところや、説明するまでもないと思っているところに問題の根本がある。ただただ「説明してください」と言うだけのコンサルは仕事の邪魔になるから、現場から嫌がられるのも当然だ。だから、基礎をわかった上で「普通とちがう、ここが変だぞ」と気づけるコンサルでありたい。言うのは簡単で、実際にやるのはむずかしいのだけど。

社会主義国キューバの衝撃

開発援助の仕事で行く土地は、ついでにちょっと観光しようと思っても、見るものが何もないようなところもある。しかし、一般人は入れないような工業団地を仕事なら見学できるので、悪いことばかりではない。

また、観光で行くならお客さんとしてただ歓待されるが、仕事で行くとお金が絡むし、向こうの話し方も少し変わってくる。

実際に行ってみて最近で一番衝撃的だったのがキューバだ。キューバでは交通計画を作る仕事をしていたのだけど、その中で社会主義というものを肌で感じる経験をした。

資本主義国の日本で育ったぼくは、社会主義と言ったって鉄工所にノルマがあるくらいのちがいだろうと思っていた。しかし国そのもの、経済そのものがちがうのだと思い知らされた。

まずキューバには配給のシステムがちゃんと残っていた。その上で、もし物資が余ったら交換していいという程度で貨幣経済が回っていた。さらに、「本当はいらないはずだけど、万が一外貨を取引したければ使っていい」というお金がある。投資、特に輸入材の絡む投資はすべて、ソ連のゴスプランをもとにキューバで作られたＭＥＰこと経済計画省が仕切っている。話だけに聞いていた社会主義体制のいろんなものが実際に残っているのだと、驚きの連続だった。

さらにそれ以前の問題として、現地の人と仕事をするときも基本的な前提の部分でまったく話が嚙み合わなくて大変だった。

日本で全国交通計画を作るなら、「この道路をこれくらい延ばして、あっちの鉄道を整備しましょうね」みたいな話をする。ところが、キューバでは現地担当機関と話をしても、まったくそういう議論ができない。なぜかというと彼らのロジックでは、既存の設備を活用することと新しく設備を作ることは完全に別の事業だからだ。

「新しくものを作るのは『新規の投資』で、特に外国の資材を買わなきゃいけない案件は経済計画省様の管轄である。将来の交通需要を予測し、それに合わせて新しい道路や設備をどう作るかを考えるのは我々の管轄外である。我々の『交通計画』というのは、既存の設備をどうやってうまく使うのかを考えるだけ、トラックなら戻りの空荷を解消するコスト削減計画を考えてくれ」と、キューバの交通計画の担当者は言うのだ。

「いやいや、そんなのは事業者レベルの運行計画で、全国レベルの計画ってのは経済見通しを踏まえて、インフラの整備計画まで含めないと」と言っても、どうしようもない。

みんな困ってしまい、「その経済計画省とお話しさせていただけませんか」と言った。当然のお願いだったわけだが、現地の役所からはすごく嫌な顔をされた。「我々からお願いするのは非常にむずかしい、あまりに畏れ多い」と言われたが、「一応連絡してもらえませんか」と言って、その日は終わった。

それから一切の音沙汰がなかったが、2週間後にその経済計画省から連絡があって、「じゃあ一度話をしてやろう」と言ってくれた。ところがやってきたのは、すごく変なお姉さんだった。そのお姉さんはテーブルに着くと、座るなり開口一番、こう言った――「今日は私が話をする。話を聞け。質問は一切受け付けない」。

質問をしてはならない……？　「本当に質問はダメなんですか」と言ったら、「質問はダメですかという質問もダメだ」とのこと。なんだこいつ、と思ったが、少しは突っ込んだ話もしてくれるのかと思っていたら、どこにでも出ている公式見解を一通り発表するだけ。日本勢は「何の役にもたたない」と呆然としていたけど、同席したキューバ人は「経済計画省が来て話をしてくれるなんて普通はあり得ないことだ、すばらしい、大成果だ」と大得意。何も聞けなくても、来てくれるだけありがたいらしい。

でも新しく中国の援助で整備した港を訪問したら、事務所の壁には中国が作った計画書が貼ってあって、「コンテナの取り扱い量がこれくらい増えました」と書いてある。おお、普通の整備計画もあるんだね、と思ってそれを説明してくれとその港湾の責任者に聞いてみた。

すると、「荷物の取り扱い量を増やすために港湾整備を行ったのではない」という返事があった。こちらが「は？」という顔をするのも構わず、彼はこう続けた。

「我々は、既存の港湾の作業効率化のために港湾整備を行った。その結果としてコンテナの取り扱い量が増えてしまった。しかし、これはたまたまの偶然である」

おいおい、それはねえだろと思いながら聞いていたが、後でこっそりカラクリを教わった。さっきと同じ話だ。「港湾の取り扱い量を増やすのは経済計画省のシマなの。港湾事務所がやっていいのは港湾の効率化だけ。本当は取り扱い量を増やすと経済計画省から怒られるけど、中国が来てやっちゃった。だから偶然、結果的に増えたことになっている」と。なるほど、偶然は計画に書けないから問題ないのか。ならば「我々の計画では、交通量があくまで偶然、来年2倍になります」と書けばいい……というわけにもいかないよねえ。

キューバではこんなことばかりだった。運送会社のトラックのタイヤがボロボロだからそろそろ交換してはどうかと聞いてみると、「タイヤは輸入品であり、輸入品の枠は経済計画省が決めることだから、我々が勝手に替えるわけにはいかない」と言われたこともあった。経済全体が経済計画省の計画をもとに回っている社会主義というものを、キューバに行ってみて実際に体感した。

ちなみにキューバでいうと、2019年に憲法改正があって、ぼくたちの理解からすれば、市場経済の導入が決まったんだが、それも一筋縄ではいかなかった。

そのとき憲法改正をテーマとした在日キューバ大使館の講演会があって、聴衆からの最初の質問は「市場経済の導入ってことは私有財産が認められるのか?」というもの。社会主義は私有財産がない、というのが通俗的な理解だったから。ところが大使館は、「何を言っているんだ、今だってキューバでは私有財産は認められている。車も持てる。家も持てる。自分のものだ」と答えた。

その回答に、会場はどよめいて、これは本気で市場化するのか、と多くの人は思った。しかし……それは浅はかだった。というのも、社会主義の決定的なポイントは、厳密に言えば私有財産ではないからだ。マルクス経済学で資本家と労働者を分ける決定的な要因は、「生産手段」なのだ。だからその回答の続きで、会場はさらにどよめいた。キューバでは、生産手段の私有は認められていない。今も。そしてこれからも。

具体的にはどういうことか。家を一軒持つのは構わない。車を一台持つのは構わない。それは私有財産だ。そしてその範囲でなら商売してもいい。たとえば民宿やAirbnbみたいに部屋を人に貸してもいい。レストラン（パラドール）を開いてもいい。車を使ってタクシー業をやってもいい。現実に、キューバに行けば宿の多くはそうした民泊だし、町のタクシーも多くはそうしたものだ。

でも、一軒、一台を超えたら、それは私有財産を越える生産手段ってことだ。家を二軒持って宿泊業を営んではいけない。レストランも、本店と支店の二軒は持てない。自宅兼用レストランでも、20席もあればそれは私有財産を越える生産手段だ。車を二台持ってタクシー事業をやってはいけない。この手の話ではしばしば、英語で言うなら「You can own A house/car」と、さりげなく単数の「A」が強調されているのだけれど、ぼくたちは普通そんなのは聞き逃してしまうのだ。

さらに、生産要素と言えばKとL、つまり資本と労働だ。市場経済化で労働はどうなるのか、自由に雇用はできるのか？

それに対してキューバ大使館の人がまっ先に言ったのは、「搾取はいけない」だった。搾取がいけないのは当然じゃないの、と思うだろう。ぼくもそう思った。でも、ここで言っている搾取というのは、ぼくたちの考えるようなものではなかったのだ。

社会主義においては、（資本家が）人を雇用するのはすべて搾取だ。あらゆる雇用は、当然ながら、雇い主が従業員の労働の成果をある程度ピンハネすることで成立する。だから「搾取はいけない」というのは、「人を雇うのはダメ」ということだ。

そしてここで社会主義経済のすごいところが出てくる。雇う雇わない以前に、そもそも雇えるような人は公式にはいない。社会主義では、あらゆる人は基本は政府に雇われているのだ。失業者は公式にはいない。キューバは、これまで不承不承ながら市場経済を導入する中で、1割の労働者を「放出」し、上で述べたような個人事業ができるようにしている。でも、その人たちが雇えるような遊休労働者は、原則としていない。雇うときには、国営の(!!)人材派遣会社から人を派遣してもらうことになる。

つまり日本的に言えば、個人事業主として活動するのはいい。家族がそれを手伝うのもいい。だけど、それを多少なりとも拡大して中小企業にするのはできない。個人事業の範囲を超えるものは、(協同組合というものはあるが)もう基本は国営だ(その後の経済改革/危機で、ここらはかなり変わったようだが)。

そして個人事業主も制約がある。たとえば農業。キューバは食べ物は配給制だ。だから、食物は基本、政府が買い上げる。全部ではない。九割を政府が(国際価格とはかけ離れた――低い――価格で)買い上げる。残り1割は、自分で使ったり商売したりしていい。葉巻もそうだ。ハチミツもそうだ。

各種の品物や労働は、自由になるのは1割。つまりキューバ経済においては、現状では市場経済部分として計画されているのは1割、ということだ。

でも、その1割の部分の多くは、外国人相手の商売となる。すると外貨収入ができる。外貨があれば輸入品が買えるし、生活水準は著しく上がる。

政府は、それを気にしている。だから、外国人と国民との接触にはきわめて神経質だ。

映画『ブエナ・ビスタ・ソシアル・クラブ』を見ると、老ミュージシャンの自宅訪問場面が何度も出てくる。でも実は、キューバでは普通はあんなことはできない。外国人はキューバ人の自宅には原則的に行ってはいけない。

そして、外国人相手の商売がえらく儲《もう》かるのも警戒されている。タクシーや民泊など、外国人相手の商売はきちんと登録して、高価なライセンス料を払わねばならない。ぼくたちにお昼ご飯を作ってくれていた近所のおばさんですら、途中で「外国人相手に商売している」と何やら密告されてしまったほど。外国で活躍するキューバ人の野球選手も、キューバ人医師たちもそうだ。たぶん、『ブエナ・ビスタ・ソシアル・クラブ』に出てきた老ミュージシャンたちも、あれでお座敷はかかるようになりカーネギーホール公演までしても、そのあがりはほとんど国庫に入り、本人たちはあまり儲かってはいないはずだ。そもそも、あの映画に出てきたミュージシャンたちは、ライ・クーダーたちの活動があるまでほとんど自殺寸前までに追い詰められていたので、それですらマシとはいえるが。

そういう状況だと何が起こるか。ある農業関係者は「オレたちは、作物の90%は政府に納めて、25%は手元に置くんだ（ニヤリ）」と述べていた。あれ、なんか計算が合わないような気がするのはなぜかな？　ぼくには見当もつかないよ（棒）。結果として、経済としては外貨建ての部分の、それも非公式経済のほうが大きいとも言われている。こういうのは、実際に行くまでは決してわからない。

モンゴルのノマドは自由ではない

モンゴルに行ったときには、ノマド（遊牧民）というものに対する理解が完全に変わった。

ぼくはそれまで、ノマド＝遊牧民を自由の象徴だと思っていた。どこにも定住せず、常に風任せで気ままに移動し、何にも縛られることなく自由に生きる。階級もなく平等で、所有もきわめて限定的。定住民は、遊牧民が自由に生きる土地を勝手に囲い込み、私有概念を押しつけ、そこをチマチマ耕作しては余剰を貯め込んで蓄財に励《はげ》み、所有と紛争と管理と規制の陰湿な制度を構築して、現在の資本主義の矛盾に到るすべてのものを構築してきた。そういう鈍重な定住民に対し、ノマドは常に移動と速度を体現する存在なのである——こんなポストモダン思想をありがたがった時代は、ぼくがモンゴルに出かけた頃にはすでに古びていたけど、ドゥルーズ＝ガタリやその受け売りの浅田彰のノマドロジーとか、そのままノマド信仰が残っていた部分もあった。

たぶん日本でも世界でも、こういう印象を抱いている人はいまでも多いと思う。一時流行ったノマドワーカーとかいうのは、まさにこうした信仰の反映でもある。

しかし、実は全然そんなものではないのだった。それを知ったのは、郵便局の調査でモンゴルの地方部に行ったときだった。

ぼくは2000年、モンゴルの郵便局の再建の仕事を担当した。モンゴルは、昔はGDPの1割にも相当する財政援助をソ連からもらっていて、しかも郵便局も扱う郵便のほとんどは、駐留ソ連兵さんたちが故国に書き送るお手紙によるものだった。それがソ連崩壊でみんな帰ってしまい、郵便の扱い量が激減した。確か5分の1くらいになったのかな。で、売上も激減して困ったモンゴル郵便は、郵便料金をいきなり10倍に上げる暴挙に出て、もちろんそれで郵便の需要はさらに暴落、どうしようもない状態になったというわけ。そして折しもGSM携帯電話が一気に普及した時期、もう郵便なんか使う人はいなくなり……それを何とかする仕事だった。

モンゴルはご存じの通り、多くの人が遊牧生活をしている。ゲルという巨大なフェルトテントを抱えて(パオと言うヤツはニワカね)、羊の群れと共に移動し、放牧し、羊が満腹になったら次のところへ移動する。

ちなみに、遊牧民の人数は一定ではない。遊牧民VS定住民という発想自体がまちがいだ。

景気がよくなって都市部の仕事が多くなれば、人は都市部にやってきて定住する。あるいは、草が生えない冬期にはみんな都市部にやってくる。そして都市部の仕事がなくなれば、失業者の多くは遊牧を始める。だからモンゴルの都市部には、かなりでかいゲル集落がある。

この仕事は、郵便がそもそも各戸配達でないなんてことがあるという点から驚きだった。遊牧民がいるからねえ、とは思っていたけれど、当時は都市部でもそうだった。みんなが(というか当時のぼくが)あたりまえと思っていた郵便配達という仕組みが、実はまずきちんとした住所表記の体系が整っているという、インフラ(とすら思ってなかったもの)に依存しているとか、驚きの連続だった。モンゴルやオマーンとかではそういう住所表記体系がないので、住所表記は「大通りのみずほ銀行の角を左に入ったトヨタのショールーム隣のビルの三階」みたいなことに平気でなっているのだ。

同時に、遊牧民への配達はむずかしいと思っていたら、遊牧民に直接配達することが可能だと知って、これまた驚いた。無知な日本人は、先方にとっての常識を全然知らないので、それを途中でいろいろ補って、いったりきたりした話をまとめ、わかったこと。

ノマドは、自由に好きなところになんか行けない。

まずノマドとか言って浮かれている人は、遊牧民の「遊」の部分だけ見ていて「牧」の部分を見ていない。これは、もちろん、羊のことだ。それも一頭、二頭ではない。十頭、百頭単位でいる。そうなると、そうそう好き勝手にはできないのだ。

というのも、考えてみれば当然の話なんだけれど、放牧をするためには、それだけ大量にいる羊たちのための草場、水場が必要だからだ。勝手放題に好きなところに出向いて、エサや水がなければ羊が死んでしまう。遊牧は、そういうポイントを巡る形でルートを組むしかない。そしてまたもや当然ながら、草場、水場は限られている。モンゴルはゴビ砂漠のある国だ。砂漠といっても、モンゴルは大半が岩砂漠と呼ばれるものだから、みんながイメージする砂丘ではないけれど、どこでもいくらでも草場や水場がある状況ではないのだ。

だからノマドは、あらかじめ決まったルートをたどる。ある拠点から動こうとすると、使えるルートは、1週間コース、2週間コース、1ヶ月コース、などいくつかの限られたものになってしまう。そして住居のゲルはかなりでかい。地元の人はパタパタと器用に設営するけれど、それでも半日がかりだし、引っ越しは面倒だ。一回張ったら3日くらいはそこにいる。すると1週間コースというのは、出発してどこか1ヶ所で羊にエサ喰わせて、また戻ってきます、というコース。2週間だと3ヶ所くらい。1ヶ月だともっと増える。

そして1週間だとピンポイントに、かなり小さい草場や水場を含む形でも組める。1ヶ月コースとなると不確実性が増えてくるので、かなりでかい草場や水場をつなぐ形にしないと、リスクが大きすぎる。水場や草場の位置と羊の移動速度、さらに草の生育速度を前提とすれば、ルートは完全に決まってしまう。季節的な変動はあるし、その年ごとの状況を見極める経験や知恵はある。それでもコースは決定的に変わったりはしない。限られた周遊コースをきっちり回る以外に、遊牧民が選べる選択肢はない。勝手気ままにはできず、ノマドのネットワークと相互調整が当然行われる。

そしてまた、そのルートですら好き勝手には行けない。気分次第でみんな行きたいところにホイホイ行けるわけではない。というのも、草地があるはずのところに行ってみたら、昨日まで別の連中がそこで放牧していて草が全然ありませんでした、なんてことになったら羊は壊滅だ。だから誰がどのくらいの間隔でそれぞれのコースに行けるか、というのは、暗黙のお約束がある。というか、自分の羊のことを考えたら無茶はできないから、自分でその間隔を補正する。1ヶ月コースは比較的余裕があるルートだから、多少の無理はきく。でも当然ながら、それには限界がある。

だから、ある集落や都市を拠点とする遊牧民は決まっていて、その人は出発前に、自分が何日コースにでかけるのかを集落や都市の知り合いにだいたい伝える。その知り合いつながりの中で、そのルートを動いている他の遊牧民が誰かもなんとなくわかっている。そしてもちろん、あらゆるところが完全に予定通りではない。草場がイマイチで早めに移動ということもあるし、思ったよりよければ長居することもある。すると、それはだいたい後続の人にはわかる。「あれ、思ったより草が生え戻っていないぞ、前の連中が長居したな」という具合。そして前の人々と後ろの人々も、馬で往き来したりして、多少の連絡はある。

もちろん、途中で何かトラブルがあったら、後続の人には当然わかる(1、2日遅れかもしれないけど)。戻ってこなければ、集落や都市で待っている人にもわかる。そしたらみんなが捜しにくる。勝手に風任せに好きなところには行けないし、行かないのだ。

でも、途中で草の状態がよいからもう少し遠回りしようか、なんてこともあるのでは? もちろんそれはある。その場合はたとえば、1ヶ月ルートの途中からさらに2週間のオプション、みたいなのが出たりするわけだ。そしてそれは当然、後続の人たちには伝言しておく。

だから、どうしても届け物がしたいときには、それだけの情報を周辺の人から集めれば、どこへ向かえばいいかがわかるという寸法だ。

いまの話、どれも考えてみればあたりまえのことだ。ノマドは別に、ファッションでうろうろしているわけじゃない。羊その他の家畜を喰わせ、肥やすという目的があって遊牧している。そして彼らにとっても、資源は無限にあるわけじゃない。希少性の中で活動しているわけだ。相互扶助の仕組みも一応あるし、なるべくリスクを減らそうとする。だってへたすると家畜全滅か、最悪の場合は自分も死んじまうもんね。

だからノマドといっても好き勝手なところに行けるわけでなく、コミュニティの中でかなり管理されていて、みんなが思ってるほど自由じゃない。

そして、定住民は所有するけどノマドは平等だという言説が夢物語なのもすぐわかるだろう。確かに遊牧民の所有物は少ないけれど、それは移動するからある程度は所有物を制限するというだけだ。そして、彼らは自分の羊については、ものすごい所有権を発達させていて敏感で、それに伴うもめ事もたくさんある。そして羊をたくさん持ってるやつと、ちょっとしかいないやつとでは、当然ながらいろんな力関係はちがってくるよね。それは階級というものと、そんなにちがうわけじゃないだろう。

この話を教えてくれたモンゴル人の運転手とは、ほんの1日ほどいっしょに動いたくらいだけど、それでもノマドに変な幻想を抱くのがいかにアホらしいかはわかってくる。定住民と遊牧民が異なる原理で生きているのではなく、希少性に直面したときの合理的な行動、最も無駄のない行動を考えることで、かなりの部分は説明がつくと思う。ぼくたちは「こんなしがらみを逃れて自由に生きたいなあ」なんていうロマンティックな願いを遊牧民に投影しがちだけど、彼らには彼らなりのしがらみがあり、苦労があり、制約がある。

こんなことも、モンゴルに行ったからこそわかったのだ。

変なものが好きだった

ぼくは昔から変なものが好きだった。子供の頃は工作が好きだったし、やがてはパソコンへの関心にもつながり、今ではＩＴ関係の著述や訳書まで手掛けている。

通っていた高校のすぐ隣が都立中央図書館で、たくさんの蔵書の中から変な本を見つけてみんなで喜ぶ、という遊びをしていた。あるとき『超時間理論』というよくわからない巨大な本を発見した。中を見てみるとタイムマシンを作る話が書いてあって、後半はタイムマシンラジオという装置から聞こえてきたと称する軍歌集になっている。みんなで「すごい、変な人がいるぞ」と歓喜した。

そういうわけのわからないものを探して読んでいたのと同時期、1970年代の半ばぐらいにマイクロコンピュータが登場した。マイクロプロセッサが発明されて、日本だとTK－80というNECのワンボードマイコンのキットが出回った時代だ。秋葉原にビットインがあって、AppleⅡだとかの最初期のパーソナルコンピュータが流通していた。

確かそれを初めて知ったのは、本屋にあった雑誌『I／O』のおかげだった。アマチュア無線とかBCL（という海外短波放送を聴く趣味）に興味があって、『ラジオの製作』をはじめその手の雑誌の棚を見ているところで目に入ったのだ。その雑誌を見ておもしろそうだと思い、その手の本を探すうちに、東京電機大学の安田寿明先生が書いたブルーバックスの『マイ・コンピュータ入門』『マイ・コンピュータをつくる』『マイ・コンピュータをつかう』のマイ・コンピュータ3部作を読んだ。非常に優れた本で中学高校時代のバイブルだったし、今でも『入門』はときどき読み返す。コンピュータがどう作られ、どんな仕組みで動き、どのように使えるかはもちろん一通り書いてあるんだが、何より、コンピュータを巡る哲学がきっちり書かれていた。

やがて予備校に行くふりをして秋葉原に入り浸るようになると、少ない小遣いで部品を買って、ちょっとしたシステムを組んでみたりする。当時はインベーダーゲームが大流行だったので、自分でインベーダーゲームを作りたいという動機でマイコンをやりたがる人も多かった。もちろん自分で作れる技量のある人は少ないが、やがて雑誌などで情報が共有され、BASICでインベーダーゲームのできるソースコードが掲載される。が、膨大だから1人で全部入力しきれず、ビットインに入り浸っている連中で、ぼくはここからここまで、お前はここからここまで、という分業をしてみんなインベーダーゲームを手に入れた。ぼくはそんなものが走るマシンは持っていなかったので、家でそのカセットテープを聴いて「ピー、ガーッ」という音で悦に入っていた。

その後、幸か不幸か、コンピュータという「新しい変なもの」は、いろんな形でぼくの仕事にも社会全体にも入ってきた。当時はインターネットなんてものは想像もしていなかったけど、すぐにパソコン通信やインターネットがあたりまえの世の中になった。そういう流れをリアルタイムで追えて、自分がいじっているものと社会全体が連動していたという経験は、貴重なものだった。

1970年代から秋葉原に通ってコンピュータ雑誌を読んでいた人間からすると、市販のコンピュータの蓋を開けてみて、自分の目で仕組みを理解するのはごく当然のことだった。当時のぼくははんだづけが下手で、とても人にケチなんかつけられなかったけど、上手いやつは「大したことないな、オレの方がいいものが作れるぞ」などと言っていた。

個人的には、それが決定的に変わったのはNECがPC－8001を出したときだろうか。カラーグラフィクス。高度なBASIC搭載。あの完成度はとうてい素人が自作で及ぶところではない。そのとき、高校生ながら「ああもう自作マイコンの時代は終わったのか……」と何やら遠い目をしたのを覚えている。自分はそんな高度なものなんかそもそも作っておらず、8個ならんだLEDをチカチカさせる程度だったのはご愛敬。

こういう「変なものでも分解し、作れる」という感覚は、今はどのくらいあるんだろうか。iPhoneは生まれたときからすでにあるもので、中の構造がどうなっているかは気にならない子が多そうだ。完全にブラックボックスで使っている。「いや、昔の人も別にテレビを開けて分解しなかったじゃないか」と言われたらその通りだが、コンピュータ黎明期を知る人間にとっては、ものの構造とその作用はつながっている。いまその手のコミュニティを見ると、なんかぼくと同年代のおっさんばかりが群れているような気がするんだが、どうなんだろう。ガキはガキなりにぼくの知らない世界で、得たいの知れないものを嬉々《きき》として壊し、いじっているんだろうか。そう願いたいもの。

その後は、もうハードではなくソフトになるけれど、プログラミングは趣味よりは大学の課題や仕事でたくさんやるようになって、あまり夢中でなんかしたわけではない。それが大きく変わったのはインターネットが普及した頃だろう。特にWWWが出て、当時の用語ではホームページを作り始めたあたりでは、かつてのマイコン時代と同じ「なんかまったく新しい世界ができつつあるみたい」という感覚があった。そして自分でも、とにかく雑にいろんなものが作れる。他のウェブページのソースコードを見て、「おおこの〈H1〉っていうタグを使うと文字が大きくなるのかー」などと、いろいろな機能をとりあえず試すことで習得していた（後になって、これはタイトル用だから本文に使うなと怒られたけど）。そして何でも <flash> タグでチカチカ光らせる。

でも一時は、そんなことでもやるだけで、世界最先端の仲間入りではあった。さっき言った、「1週間でも世界一」という世界だ。世界一ではなくても、何かトップグループの一員ではある。とりあえず簡単なことからやってみて、何かくだらないものでも作ってみるだけでそこに到達できる。ウェブサイトは、ちょっと思いつきでくだらない文章を書けば、それで雑誌に採りあげられたりする。FLASH動画が出てきたとき、初音ミクがネギを回しているだけのくだらない動画が山ほど出てきたわけだが、それだけでよかった。何の得にもならないけれど、それだけで面白くて満足していたし、正直それが当時の最高水準だった。

だが、そうこうするうちに、ウェブサイトの作り方なんかも洗練されて複雑になってきた。昔みたいにエディタでhtmlを書けばそれでおしまいだった時代は終わり、JavaScriptでござい、CSSでござい、果てはフレームワークをたくさん勉強しないといけなくなった。そうなると、もう素人の出る幕ではなくなる。

たぶん似たような感覚を持っていた人は多かったんじゃないだろうか。その後、Arduinoだの Raspberry Piだのといった、マイクロコントローラに毛の生えたようなものが出回り始め、メイカー運動が出てきたときに、なんか似たような面子が出てきて、やっぱり初音ミクにネギを回させるだけの代物を作って喜んでいた。ぼくも、そういうのをおもしろがりつつ、やるのはやっぱりかつてのマイコン時代と同じ、LEDを光らせるだけ（まぁセンサつないだりして少しは高度になったけれど）。もともとそれで何かすごいものを作ろうとかいう野心があったわけじゃない。「動くかなー、あ、動いた！」というのが嬉しかっただけだ。とりあえず、できるというのが何より知りたいのだ。

昔アマチュア無線の本で「できるとわかると興味を失う、実用性とかはプロが考えればいい、アマチュアはＥＭＥ（月に電波を反射させて通信すること）とか、何の実用性もないことに血道を上げるのが本道だ」というＯＭ（古参マニアのこと）の談話が出ていたっけ。たぶんその感覚だと思う。何かそれで大したことをしたいわけじゃない。いろいろなものの基礎をまず簡単に押さえたい、基礎さえわかればいくらでも応用がきく。そういうアマチュア的というかマイコン的というか、ホビイスト的というような価値観は、ぼくのかなり根本にあるらしい。これは、コンピュータとか電子工作とかに限らず、翻訳でも本を読むのでも、経済学でも他のどんな分野でも同じだ。最初のほうで、まず大まかにわかるのが大事だ、という話をした。ある意味で、大まかにさえわかればいい。精緻《せいち》化にはあんまり興味がないのかもしれない。というか、変な精緻化には敵意さえある。むしろ世の中、そこまで精緻に定式化できるもののほうが少ないんだし、それを無理に精緻化しようとすることで、超合理的なモデルを偏重してしまうような経済学の一部の歪みみたいなものも生じるとは思う。クルーグマンも言うように、モデルはある側面に注目するためのツールでしかなくて、むしろ粗雑であるべきだ、みたいな感じだ。ハッカーの標語の一つにも「ハッカーは正しいことを雑にやる。スーツどもは、まちがったことを精緻にやる」というのがある。そしてこれは雑であるからこそ正しく、精緻であるからこそまちがっている、という側面も大いにあると思っているのだ。

これは裏を返すと、ものごとの原理が雑にでもわかったつもりになったら「ああ、そういうもんか」と満足してやめてしまう、1つ答えが出たら他の可能性をそれ以上追求しない、ということになりかねない。精緻にやらない欠点というのはそれで、むかし柳下毅一郎から、それが山形のいけないところだと言われた。

ラリー・ニーヴンの『リングワールド』という小説がある。宇宙人と人間が共存している世界で、人間が超高速航行を見つけてしまうという話だ。この世界のパク人の成熟形態であるプロテクターは人間よりずっと頭がよくて、あらゆるものの最適解が一発でわかってしまう。そして彼らは理論に基づいて超高速航行は不可能だと結論づけて、それ以上の可能性を探るのをやめてしまった。しかし一方で人間はバカだったので、理論無視で試していたらなぜかできてしまった。柳下に言わせると、山形はそこに出てくる、パク人と同じで、最適解らしきものが見つかるとそれ以上の可能性を追求しないで満足してしまうのだ、という。別のところでは、「山形は身も蓋もあることを身も蓋もなく言う」とも書かれた。その通りだね。ぼくにとってこれはほめ言葉でもあるし、悪口でもある。

本を読むときもそうだ、ある本を読んで、こういう読み方ができるということは、この作家にはこういう特徴がある、と一通りのことがわかると興味を失ってしまうのだ。さっき、読書のところで、だいたいの見取り図がわかったらそこで一区切りだ、と述べた。そういうことだ。そこで追求をやめてしまうのが、ぼくの弱いところなんだろうとは自覚している。

それはつまり、ぼくはある一つのものを深く突き詰めるスペシャリストではないということだ。なんでもかんでも雑にしかやらない。すべて我流の素人＝アマチュアまがいということでもある。もう少し聞こえのよい言い方をすれば、ジェネラリスト、ということでもある。

が、さっきも述べたように、なんでも精緻にきっちりやればいいってもんじゃない。むしろ雑にやることにこそ正義が宿ることさえある。そして雑な理解が本当にダメでも、恥をかくだけの覚悟があるなら、「ああここが足りないのか」と思い知らされる場面は出てくる。というかそれが出てこないようなら、雑な理解で十分ということなのだ。そしてそういう場面にあったときに、その別の理解を再び雑に理解すればいい。ぼくに見えない身や蓋は、その時点では存在していないのだ。いや、そうした身や蓋をそもそも明らかにするためには、まず身も蓋もなく述べねばならない。それをやって、ようやくそれで捉えきれない部分がわかるはずなのだ。その次の話は、またそのとき考えよう。自分に理解できていない部分があるかもしれないというだけで、その時点までの理解を否定する必要はない。中途半端でも、自分の理解に胸を張ろう。そしてその後で具体的に「ここが足りない」と言われたらそれは傾聴しようではないの。

そんなんでいいのか？　英語にはそういうヤツをバカにする表現として、Jack of all tradesというのがある。器用貧乏、と訳されることも多い。あらゆるものについて、トランプのジャックでしかない。キングにはなれないということだ。かつて山形が言われた「すべてにおいて永遠の二流」ということですな。

でも……「二流」に注目すると、なんだかみっともない罵倒語ではあるけれど、「すべてにおいて」に注目することで、この意味は変わるはずだ。そう思いたい。もちろん本当に「すべて」をやるわけにはいかない。でも、それがある程度以上――どの程度かは知らないけれど――広がれば、一芸スペシャリストとはまたちがう、別の世界が見えてくることもあるんじゃないか。我田引水と言われればそれまでだけれど、ぼくはかなり本気でそう思っているのだ。

うーん。われながら、なんだかまとまりのないグネグネした話になってしまったではないか。が、それも一興ということにしておこう。いくつかのネタが繰り返し出てくるのはご愛敬だが、それもいろいろつながっている証拠ではある。

最後の部分でも、自分がすべてにおいて二流のジェネラリストだという話はした。それについて、自覚も自負もあるのだけれど、その一方で、中途半端ながらそこそこのヒット率はあげているので、もうちょっとほめてよ、というようなことは、思わないでもない。一応、人並みに虚栄心もありますもので。なんだかんだで少しは日本文化に貢献しただろう、という気はしているのだ。その一方で、あまりほめてもらえない理由もある程度は見当がつくのだけれど。

1990年代にウィリアム・バロウズの翻訳がそこそこ出たのは、ぼくがそれなりに頑張ったからだとは思う。もちろん当時の時流からいえば、他の人の翻訳でいろいろ出た可能性もある。『GS』編集部から、『ワイルドボーイズ』を村上龍訳で出すので下訳しないか、と言われ、承知した直後に雑誌『GS』自体が消えてしまったけれど、別の人が下訳をしてそういうのが実現したかもしれない（考えてみれば、それもおもしろそうだな）。

そしてその後『たかがバロウズ本。』をまとめて、自分で言うのもなんだけれど、正直日本で、いや世界で出ているバロウズ研究書なんて、どれ一つとしてこの足元にも及ばないとは思う。が、あんまり評価してもらっている気はしない。その後日本で出たバロウズ関連の本でも完全に黙殺されていた。日本の英米文学業界では、そもそも山形について触れるはおろか、宴会で偶然同席するのさえタブーらしい。それ以外に、あんな本を作ってしまったことで、たぶん日本では後続のバロウズ研究者にとってのハードルは、やたらに上がってしまっただろうなあ。でも不可能ではないはず。我こそはと思わん方は、手持ちの資料（有料でこっそり）お譲りしまっせ？　いかが？

あとたぶん、ぼくがクルーグマンをあれこれ訳さなければ、日本のクルーグマン理解はかなり変わっていたんじゃないか。ぼくの前にクルーグマンを紹介していたのは、日本銀行の人だった。彼のいうクルーグマンドクトリン云々はよくわからなかったけれど、とっても真面目そうな扱いだった。だからぼくほどクルーグマンのおふざけっぽい文章に注目してくれなかっただろう。そしてそれ以上に、「復活だぁぁぁぁっ!」をはじめ、クルーグマンの調整インフレ=日銀批判論を、無視はしなくても、ずっと後まで黙殺か矮小化したんじゃないか。そうなっていたら、その後のアベノミクスによる景気のある程度の回復もどうなっていただろう。田中秀臣や岩田規久男をはじめ優れた人の活動で、当然ある程度の勢力にはなったと思うけれど、山形あたりの活動もバタフライ・エフェクト程度はあったんじゃないか。

が、一部の人にとっては、それ自体がおもしろくないことなのかもしれない。ぼくががっかりしたのは、クルーグマン/ウェルズの経済学教科書の著者紹介にあがっていた『クルーグマン教授の経済入門』訳書が、山形訳以前の一瞬で絶版になった旧訳になっていたことだ。そうですか、そこまで山形をいなかったことにしたいんですか。

それに関連して、たぶんいわゆるリフレ派の中で、クルーグマン的な調整インフレ論の一般的普及にはそこそこ貢献したつもりではある。ぼくとか黒木玄とか岡田靖=銅鑼衣紋は、脚注でも触れるくらいはしてもバチは当たらないと思うんだが、専門家の研究書ではまあ黙殺ですな。彼の論文に触れるときでも、参考文献で山形訳はあまり出てこない。

ケインズもおもしろがって訳しただけとはいえ、彼の『一般理論』翻訳は、ぼくは（当然）自分のがいちばんわかりやすいと思っている。要約版も作り、解説書も作り、理論の普及で決定的な役割を果たしたヒックス論文も訳し、最も至れり尽くせりだ。ケインズ『一般理論』を多少なりとも世間一般に読ませるのに、ずいぶん役立ったつもりではある。

ところが、日本のいろんな本や論文でケインズ『一般理論』を引き合いに出すとき、参考文献にあがるのは原書か、岩波文庫や全集版の翻訳だ。あなた本当に、あの面倒な原書を読んだんですかあ、といつも思うし、邦訳にしても東洋経済や岩波文庫のやつがまともに読めたはずはないから、参照もしようがないだろうにと思ってしまう。が、まあその人が本当にそれを参考にしたと言い張るのであれば、それはそれで仕方ない。またアマゾンでは、山形のぜんぜん関係ない訳書にまでケインズ訳の悪口を書き散らす人もいて、なんか一部でずいぶんケインズ関係者の恨みを買っているらしい。それ以外にも、村井章子や遠藤真美の翻訳に片っ端からケチをつけるような人はいないが、山形だといるんだよね。原著にサポートサイトがあればそれも全部訳し（ピケティ本でそんなバカなことをしたのは世界でも山形らの日本語訳だけです）、正誤表や関連資料も含め、アフターサービスも万全なのに。人徳（の不在）ってやつですか。

フリーソフト／オープンソースも、いまはほとんどあたりまえの扱いになっているけれど、ここに到るまでにはそこそこ紆余曲折があったのを、覚えている人はいるんだろうか。その中で、エリック・レイモンドは、政治的、組織的にも奮闘したし、アマチュアながらその理論の金字塔をいちはやく発表した話はした。でも、すでに彼が言及されることは少ないようだ。学術研究を見ても、オープンソースの話では彼の論文の劣化版みたいな学者の論文ばかりが引用されたりしている。コード書いた人にはまったく及ばないながら、不肖この山形も、日本でフリーソフトがらみの文書をいろいろ訳して、たぶん世間的な理解には微力ながら貢献したつもりだけれど、もはやそんなことを覚えている人もいるまい。でも、Windows Me たんくらいの頻度でいいから、たまには思い出してほしいな、とは思う。

こんな具合なので、そのうちぼくが勝手に訳している本も、みんな「あとで読む」とブックマークするだけで結局は黙殺されるだけかな、などと暗いことも考えてしまう。まあ著作権無視の海賊訳が多いのは事実。おまえのは正式に権利を取得していないから、言及できないんだ、と言われたこともあるけど、そんなことないと思うなあ。実際に参考にしたのならちゃんと書けるはずでは？　仕方ないのかもしれないけれど、ちょいと寂しいのも事実。

それは最初のほうで述べた、一瞬だけ一番になろう、という考え方の裏面ではある。その一瞬が終われば——もうあとは、他のみんなが先を行く。歴史に残るのは、ゴールラインを最初に切った人間であり、途中で誰が一番になっていたか、なんてことは顧みられない。

が、他人の評価はどうしようもないし、嫌われ者ポジションに自ら飛び込んでいっているという自覚はあるので、自業自得ではある。素人が横から入ってきてケチつけはじめたら、専門家はおもしろくねえよな。ぼくがもう少し人好きがして政治的な立ち回りがうまければねえ。

とはいえ、なんだかんだでまぐれとはいえたまに当たりを飛ばしてきたつもりではあるので、あともう一発二発くらい、得たいの知れないネタを当てられるかも、という期待があるのは事実。別にそれを狙っているわけではない。上のどれも、自分がおもしろいと思うものを掘っていたらたまたまぶつかったものばかり。だがそれは、ぼくの感じるおもしろさに少しは普遍性があるからだと思いたい。ならば、次もある可能性は多少なりともあるはず。

そしてそこまでいかなくても、それをなんでもネット上に置いておけば、いつかそこから何かヒントを得て、別の方向に発展させる人も出てくるかもしれない。「え、これとこれがつながるの？」と驚いた人が、何かを生み出すかもしれない。さらにそれすらなくて、誰も見なくても、ヒットしなくても自分の好奇心は満たされる。なんだかんだで、結局ぼくにとってはそれがいちばん重要なのだ。

本書は星海社の片倉直弥氏の発案と企画で実現したものだ。ご期待に添えるものになったかどうかは知らないが、こちらは自分のいろいろな考えを吐き出す機会をいただけて大感謝だ。ありがとう。そして、こちらの紆余曲折の得たいの知れない話を引き出しつつまとめてくれた、西岡壱誠氏にも感謝する。お疲れ様でした。そして、こんな放談をわざわざ読んでくれたみなさまも、ありがとうございます。

なお、事実関係などで「そこはちがうぞ」というような点があれば、ご一報いただければ幸い。サポートページ https://cruel.org/books/hy/howtotranslate で訂正のうえ、増刷時に修正か注記いたしますので。

本書ではいろいろ余計なネタをふっているけれど、特に注やリンクはつけていない。どれも検索すればすぐに出てくるものだし、わからなくても大きな実害はないからだ。さらに触れた各種の話題、やりかけ／やってしまった翻訳などのほとんどは、ぼくのサイトで詳しく触れている。興味があれば、https://cruel.org/jindex.html と、https://cruel.hatenablog.com/ をご覧いただきたい。それを多少なりとも踏み台に、みなさんがもっと豊かな世界へと旅立たれますように！

2024年11月20日　ダカールにて

山形浩生
hiyori13@alum.mit.edu

星海社新書326

翻訳者《ほんやくしゃ》の全技術《ぜんぎじゅつ》

二〇二五年二月一七日　第一刷発行

著者　山形浩生《やまがたひろお》

発行者　太田克史《おおたかつし》
編集担当　片倉直弥《かたくらなおや》
構成　西岡壱誠《にしおかいっせい》

アートディレクター　吉岡秀典《よしおかひでのり》（セプテンバーカウボーイ）
デザイナー　五十嵐《いがらし》ユミ
フォントディレクター　紺野慎一《こんのしんいち》
校閲　鷗来堂《おうらいどう》

発行所　株式会社星海社
〒一一二-〇〇一三
東京都文京区音羽一-一七-一四　音羽YKビル四階
電話　〇三-六九〇二-一七三〇
FAX　〇三-六九〇二-一七三一
https://www.seikaisha.co.jp

発売元　株式会社講談社
〒一一二-八〇〇一
東京都文京区音羽二-一二-二一
（販売）〇三-五三九五-五八一七
（業務）〇三-五三九五-三六一五

印刷所　TOPPAN株式会社
製本所　株式会社国宝社
ISBN978-4-06-537681-2
Printed in Japan

326
SEIKAISHA SHINSHO

272

プーチン重要論説集

ウラジーミル・プーチン 著
山形浩生 編訳

プーチン自身の言葉でたどる「ウクライナ戦争への道」

プーチンはロシア大統領就任後、数多くの演説や論文を発表し、自らの意見を世に問うてきた。その中から20の論説を精選して、プーチンがロシア再生からウクライナ戦争までの道筋をどう考えて行動し、また国内外に宣言してきたのかを検証するのが本書である。

ソ連崩壊後の惨状からロシアを建て直し、テロ対策で一度は国際社会と協調するもやがて欧米に失望し、２００８年のジョージア侵攻や２０１４年のクリミア侵攻で軍事力に自信をつけ、２０２２年のウクライナ戦争を決断するまでの、20余年のプーチンの言葉を実際の行動と対比し、世界を変えたウクライナ戦争がなぜ起きてしまったのかを、より深く考える一助としたい。

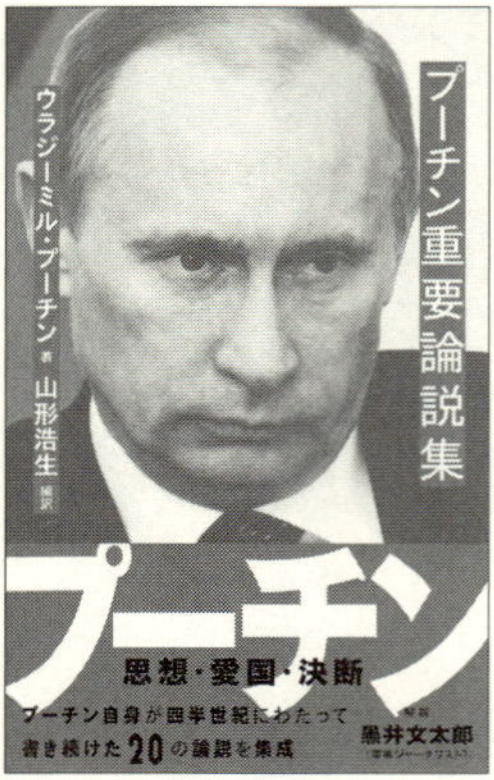

次世代による次世代のための

武器としての教養
星海社新書

星海社新書は、困難な時代にあっても前向きに自分の人生を切り開いていこうとする次世代の人間に向けて、ここに創刊いたします。本の力を思いきり信じて、みなさんと一緒に新しい時代の新しい価値観を創っていきたい。若い力で、世界を変えていきたいのです。

本には、その力があります。読者であるあなたが、そこから何かを読み取り、それを自らの血肉にすることができれば、一冊の本の存在によって、あなたの人生は一瞬にして変わってしまうでしょう。思考が変われば行動が変わり、行動が変われば生き方が変わります。著者をはじめ、本作りに関わる多くの人の想いがそのまま形となった、文化的遺伝子としての本には、大げさではなく、それだけの力が宿っていると思うのです。

沈下していく地盤の上で、他のみんなと一緒に身動きが取れないまま、大きな穴へと落ちていくのか？　それとも、重力に逆らって立ち上がり、前を向いて最前線で戦っていくことを選ぶのか？

星海社新書の目的は、戦うことを選んだ次世代の仲間たちに「武器としての教養」をくばることです。知的好奇心を満たすだけでなく、自らの力で未来を切り開いていくための〝武器〟としても使える知のかたちを、シリーズとしてまとめていきたいと思います。

2011年9月

星海社新書初代編集長　柿内芳文

SEIKAISHA
SHINSHO